小田原ライブラリー 23

知られざる小田原地方の戦争

井上　弘

まえがき

足かけ一五年間続いた戦争が敗戦という形で終わって、今年で七〇年目を迎える。敗戦時に生まれた方は七〇歳となり、戦争末期に学童集団疎開をした世代は八〇歳前後に、工場へ動員された中学生や女学生は八〇歳代半ばに、戦場へ兵士として征かされた世代は九〇歳以上になる。これらのことを考えると、戦後七〇年という年月は、かなり長く感じざるを得ない。

七〇年前に終わった戦争は、小学校六年生で学ぶ社会科の歴史学習では単元「長く続いた戦争と人々のくらし」（東京書籍版）として六時間かけて扱う。なぜ戦争が起こり、どのように戦争が進められ、人々のくらしはどうだったのかを学ぶことになる。中学や高等学校での歴史学習でも、それらの内容をより詳しく扱うものの、主に教科書を用いる学習では、自分が住んでいる地域が戦時中にどうだったのか、知ることはできない。

戦争の時代を考えるためには、その当時の国際状況は言うに及ばず、日本の政治状況や社会状況を知ることは当然大事なことである。その上で、住んでいる地域がどのように戦争に巻き込まれ、どのように戦争に対峙していったのかを知ることが必要となるだろう。

筆者は、より身近な地域の視点でも戦争の時代についての学習を行うことの大切さを考えてきた。そうすることで、戦争を我が身にふりかかることとして理解し、戦争の愚かさと平和の大切さを感じ取ることができるのではないかと思ってきたからである。三〇数年間、小学校教師として歴史学習に力を注いできた筆者の願いでもある。

本書はそうした思いを込めて、小田原地方の銃後の様子について書き綴ったものである。第一章から第三章までの内容は、『小田原地方史研究』をはじめ、いくつかの研究誌に掲載した学術論文を一般向けに書き直したものである。

特に第一章は、卒業論文で扱った「小長谷三郎日記」を取り上げて、一人の青年がどのように戦争と関わり、戦争に翻弄されたのか、日記を通して戦争の時代を綴ったものである。

また、第四章は、筆者が事務局を務める「戦時下の小田原地方を記録する会」の会誌『戦争と民衆』に載せた「戦争の掘り起こし」を書き直したものである。身近なところにも戦争を語る「もの」があることを示した四つの報告である。

日本現代史を学びたいと立教大学文学部史学科、さらに大学院（修士課程）に進み、その間に二人の歴史研究者に出会うことができた。一人は東京裁判研究の粟屋憲太郎先生、もう一人は日朝関係史の山田昭次先生。粟屋先生からは史料を重視した実証主義を、山田先生からは歴史の中で虐げられてきた民衆の想いに寄せる大切さを学んだ。
大学院を修了して地元に戻り、小学校教師をしながら小田原地方の現代史研究を「小田原地方史研究会」と「戦時下の小田原地方を記録する会」の二つのサークルに身を置きながら進めてきた。その成果を、一冊の書籍として、戦後七〇年といった戦争の時代を検証する時に出版できることの喜びをかみしめている。ぜひ多くの方に読んでいただき、戦争の時代を振り返る一助になれば嬉しい限りである。

二〇一五年八月

井上　弘

知られざる小田原地方の戦争　目次

第一章　庶民の日記から見た戦争の時代

1　日中戦争前夜の少年

小長谷三郎日記

戦前では政治家だけでなく一般の人たちも日記を書く人は珍しくなかった。現在のインターネットによるツイッターと同じ感覚なのかもしれない。一九一九（大正八）年、小田原市早川（当時は足柄下郡早川村）に生まれた小長谷（こながや）三郎は幼少の頃から日記を書き始め、その内、一四歳（昭和九年）から三三歳（昭和二八年）までの約二〇年間分、ノート二二冊が残っている（筆者は小長谷氏のご厚意で、そのコピーを所有している）。その膨大な量の「小長谷三郎日記」は昭和時代の戦時期から占領期にかけての、小田原地方の庶民の動向を示す貴重な資料である。日記の一部は、横浜の空襲を記録する会編『横浜の空襲と戦災』２巻（同会、一九七五年）に収録され、見ることができる。

小長谷三郎はミカン農家の三男に生まれ、早川村立早川高等小学校を卒業後、箱根細工の職人の「小僧」として小田原の親方宅に住み込み、四年ほど修業した。身体を壊したことから職人になることをあきらめ、早川の実家に戻ってミカン作りを二年間手伝った。四〇（昭和一五）年、二一歳で国鉄（日本国有鉄道、現在のＪＲ）に就職し、横浜市の臨港にある高島駅に配属された。敗戦間近の四五年五月に召集されるまで、一人の若い国鉄職員として滅私奉公の道を歩み、戦後は労働組合員として戦後改革の波にもまれる。以後、五五歳で退職するまで国鉄マンとして働いた。

これから「小長谷三郎日記」に綴られた日記を紹介しながら、小田原地方の一人の若者が、戦争の時代をどう生き抜いていったのか追ってみることにしよう。

小長谷三郎さん（1980年に聞き取りをした時〈61歳〉に撮影）

満州こそ躍進日本将来の発展地

一九三一（昭和六）年九月一八日、中国東北部（満州）、遼寧（りょうねい）省の瀋陽（しんよう）（奉天《ほうてん》）に近い柳条湖《りゅうじょうこ》で、日本陸軍（関東軍）によって南満州鉄道の線路の一部が爆破された。このことをきっかけに満州事変が起こり、翌年には日本の傀儡《かいらい》国家である満州国が誕生する。この満州国を介して、日本は中国東北部への権益確保の道を突き進んでいく。

三四（昭和九）年三月に高等小学校を卒業した三郎少年は、一四歳で箱根細工の職人見習いとして就職する。六か年の尋常小学校を終えると、クラスの数名は中学校へ進学するものの、多くの子どもたちは高等小学校へと進み、卒業後に三郎少年と同じように就職した時代である。この時期の日記には、たびたび「満州」が登場し、次の日記は、友人へ宛てた手紙の文面を書き写したものである。

　我々の太古祖先はアジア大陸よりわたり来たと言ふ説（が）あります。又日本古《いにしえ》の学問は支那より朝鮮へとわたり我国に渡来したものであります。して見ると君の活躍して居られる満州の地は日本人祖先の故郷であります。生々発展の意よくは今九千万同胞の胸に高鳴って居ります。満州こそ躍進日本将来の発展地であります。（三五年八月二七日）

同時期、高等小学校の恩師に宛てた手紙の中で、「時さながら非常時であります。日本の国運が日増しに開け行く時でありります」と述べ、国運を開かせる地として満州を挙げている。

英雄は奉仕し、創造すとは熟知した所である。僕は何物かを創造せんと思ったのだ。現に地球上に無いものをだ。僕は絵が好きだ。その好きなものを利用し、現在の職務を利やらうと思うのだ。それはミシンのひき抜を習って人物の面影を造らうと思ふのだ。内地で狭いと思ったなら満州までも進まうと思ふのだ。（三五年九月二四日）

こうした庶民の満州への憧れは、農業恐慌による農村救済策の一つとして満州移民という形で実現する。満州事変以後に満州国への移民は本格化し、中でも山村が集団で移住した満蒙開拓移民団がよく知られている。

神奈川県西部からも、山北町の旧三保《みほ》村と旧清水《しみず》村が分村移民を行っている。三保村の満州移民は四〇年から行われ、一二戸、五三人（他地区からの参加者を合わせると五〇戸、二〇六人）が渡満し、新京近くの吉林省懐徳《かいとく》県大楡樹大泉眼屯《だいゆうじゅだいせんがんとん》の地に大楡樹神奈川開拓団を開き、清水村は四一年から四六戸、一五二人がハルピンに近い浜江《ひんこう》省珠河《しゅが》県帽児山《もうるさん》の地の大青頂《だいせいちょう》清水開拓団を開いた。両開拓団とも敗戦による引き揚げでは、多くの開拓団と同じように多大な犠牲を払っている（神奈川の「満州」開拓団を記録する会『神奈川「満州」開拓団・神奈川県報国農場・清水「満州」開拓団』一九八五年）。

二・二六事件

三六（昭和一一）年二月二六日、陸軍の青年将校らによるクーデター、いわゆる二・二六事件が起こった。三郎少年（一六歳）は翌日の日記に次のように記している。

天変地異とも言ふべき天下の大事件起（こ）る。それは二十六日午前五時、岡田首相、内大臣、渡邊大将、鈴木陸軍大将の重臣襲撃さる。此れは昨夜、号外が来たと言ふが自分は今朝に成って知った。今では青年将こうが皆へんな考へを持って居るのだ。此の日本を導くべき責任あるものは軍人だ。しかし此の軍人も国を思ふからやったかも知らぬが、余りに暴行だ。此れからの日本は如何に成るのだ。（三六年二月二七日）

小学校で、いわゆる軍国主義教育を受け、「主家の為、身が何う成らうとも盡くし、又親の為此の身を犠牲にしても孝をすます」（三六年六月二〇日）と言い切る三郎少年にとっては、軍人の行動が「国を思ふ」ことであっても、孝を尽くすべき最大の対象である天皇の、その重臣を殺傷することは許すことができない出来事だったのだろう。

なお、日記で襲撃された重臣として挙げられた中で、岡田啓介首相はこの日の段階では殺害されたことになっており、後日、私設秘書が間違えられて殺され、無事であったことが明らかになる。斎藤実内大臣、渡辺錠太郎教育総監、高橋是清蔵相が殺害され、鈴木貫太郎侍従長が六か月の重傷を負っている。

それにしても弱冠一六歳の少年が「此の日本を導くべき責任あるもの」として、政党ではなく、「軍人だ」と断言していることに、この時期、政党政治が崩壊し、軍人主導の政治になりつつある社会情勢が反映されている。

また、二・二六事件を起こした青年将校の中心部隊は首都東京で決起したが、別動隊の一部が湯河原に滞在していた牧野伸顕元内大臣を襲撃した。襲撃隊の指揮官は陸軍航空兵大尉の河野寿である。河野以下七名の隊員は東京からハイヤーで、滞在先の老舗旅館伊藤屋の元別館・光風荘に乗り付け、警護に当たっていた皆川義孝巡査を殺害した。河野は皆川巡査に撃たれながらも光風荘に火を放った。牧野は看護婦と共に女物の着物を着て、温泉場の消防団員であった岩本亀三の救助で危うく難を逃れた。河野は牧野が焼死したものと思い、熱海の陸軍衛戍病院へ逃れたものの、病院の裏山で自決した。

二・二六事件は、皮肉にも青年将校たちが頼みとしていた天皇の裁断によって鎮圧されてしまう。鎮圧された日の日記

資料館として 2.26 事件を伝える光風荘

には次のように記されている。

今度反乱を起（こ）した青年将校は軍人として軍人らしくないと思ふ。それは何と思ってか畏（れ）多くも天皇陛下の命令も聞（き）入れなかったと言ふ。それで其の決心なら愈々と言ふ時、切腹も出来ない。後に長く未練が残る。何しろあれだけの大事をしたのだから。（三六年二月二九日）

決起した青年将校の内、この日の午後に二人が自決（そのうち一人は未遂）した他は、憲兵隊に捕縛され、このことに三郎少年は「切腹もできない」と嘆いている。

二・二六事件の結果、岡田内閣は総辞職し、翌月五日に前外相の広田弘毅が首相に推された。しかし、新内閣の組閣にあたっては、陸軍大臣に決まった寺内寿一が軍部の気に入らない人物を排除することを要求し、一時組閣が宙にういてしまう。広田は仕方なく顔ぶれを代えて組閣し、新たに陸軍から突きつけられた要望をすべて承認し、国防費についても軍備充実に努力する旨を約束させられた上で、三月九日、広田内閣が成立した。

この広田内閣によって、翌年七月七日、蘆溝橋事件での日中両軍衝突により日中戦争へと向かい、日本社会に戦時体制へと突入していくことになる。

2　日中戦争下の青年

国民精神総動員運動

一九三七（昭和一二）年七月七日の蘆溝橋事件で始まった日中戦争は、中国が簡単に屈伏すると判断していた政府・軍部の予想に反し、中国の激しい抵抗によって長期戦の泥沼に陥っていく。戦争が拡大し長期化すると、国民生活にその影響が直接及ぶようになってきた。近衛内閣によって三八年四月に成立した国家総動員法の登場で、国家の経済力がすべて戦争遂行に使われるようになり、生活必需品の不足がだんだん目立つようになってきた。

三八年七月七日、日中戦争開戦一年目にあたって、一八歳の三郎青年は次のように記している。

　今日は支那事変発生一周年記念日だ。事変下国を挙げての大記念日を迎えたのだ。此の日正午、多々のサイレンが一斉に鳴りわたった。全国民は一斉に黙祷をささげた事であろう。此の一周年記念日にあたり我も益々心を固めねば成らぬと思った。夕方小雨が降り出して来た。此の事変下にそんな事も言って居られもすまいが、今度の長雨で関東地方より関西方面の方が被害が甚（だ）しいらしい。戦地の事を考へれば可成（り）不隅（ママ）の立場にあり乍ら勝手な事は言へないと思う。（三八年七月七日）

二日前の七月五日、関西地方を集中豪雨が襲い、六甲連山の各河川が決壊し、死者九三三名、流失破壊家屋一万三二〇〇戸という未曽有の被害が生じた。こうした大災害に対しても、彼は「戦地の事を考へれば勝手なことは言へない」と述べ、そうした記述に戦争遂行のためには何事をも犠牲にして良いとする彼の考え方をかい間みることができる。

こうした彼のように戦争遂行を第一に考える国民を多くすることこそ、政府の思想動員のねらいであった。近衛内閣は、国民の戦争支持をむりやり引き出すことをねらって国民精神総動員運動を推進した。

彼が住む早川村においても、国民精神総動員運動の一環として小学校を会場に様々な催し物が実施された。

今日は雨が降ったので、畑の方は骨休み、読書などして日を暮らした。今夕六時半から学校に映画があるので見物に行った。県の社会公務課から来た人の話があった。現代の戦争は国家総力戦である故に国民精神総動員の必要を説き、又貯金の如何に必要なる旨をも説いた。映画はニュウ（ママ）スが主で若い我等の血潮をいやが上にも湧き立たせる。又終（い）に銃後国民（主に農漁村）の共同奉仕の活躍振、これでなくちゃあと切実に思い、自分も明日からの日課を一曽（ママ）堅実にし、益々励まんことを思うに致（ママ）った。（三八年九月二〇日）

さらに中国戦線での都市陥落を祝う地域ぐるみの行事も、国民精神総動員運動の一環として大々的にくりひろげられた。前年の一二月二一日には、南京陥落を祝う行事が全国的に実施され、小田原町でも多くの町民による提灯行列が行われている。

また三八年八月から始まった武漢攻略作戦、いわゆる武漢三鎮と呼ばれる武昌・漢口・漢陽の三都市（この時期、国民政府の主要機関が集まっていた）を占領する作戦であるが、日本軍のこの時期の最大課題であった。

武漢三鎮は完全に我が手に帰した。此の喜びは全国津々浦々にまで響き、旗行列、夜はてうちん行列の大祝賀行進である。我が早川村も今夜は祝賀てうちん行列である。自分も六時少々過ぎ家を出た。そして此の列に加は（ママ）った各々個人々々が此の世紀の大成功を心から喜び祝して居るとは思へなかった。何とは無しに淋しさのある感がしてならなかった。戦勝の喜びから可成はなれて居る様にさおもえへた。第一戦に活躍する将兵の心に皆がも少しなって居たら、こんな軽々しい感じのする行進はなかったと思うのだが（三八年一〇月二八日）

小田原町で南京陥落を祝って

こうした祝賀行進も、戦時下愛国青年である彼にとっては「軽々しい感じ」に映っており、同じ世代の青年たちが兵士として中国戦線で戦っていることへの、同じ若者としての負い目の表れなのかもしれない。

徴兵検査

戦争の拡大によって、多くの若者が兵士となって中国戦線へと出征していった。彼の日記にも、村の青年たちの出征に関する記述が紙面をにぎわしている。

　長期戦は続き、当村応召者も一人二人と出る。今日も二人中、一人は浦寅松氏、又今日二日及来月一日それぞれ出征する事だ。自分も大いに確（ママ）りした体の持（ち）主と成り、兵役に服する様に成り度いと思って居るのだが。（三八年八月二一日）

数多くの青年を送り出し、いやが上にも彼の兵士願望は高まっていった。徴兵検査をひかえ、小柄な彼は、甲種合格が無理な自分自身の身体を嘆きながらも、兵士への道の第一歩となる徴兵検査を迎える決意を日記で述べている。

今の自分はもっともっと男らしく意志堅実に成らなければ成らぬと思う。徴兵検査に甲種にでも成れれば何処へでも発展出来るのだが、此の小躯虚弱では其の希望も極うすいのだ。せめて人一倍意志強固なれば断じて憂うつな処なしと思う。（三八年九月二三日）

戦前の日本では男子に兵役義務が課せられていた。兵士に適しているかを二〇歳になる男子を集めて調べることを徴兵検査といった。毎年一月一日を基準日として、前年一二月一日からその年の一一月三〇日までに二〇歳になる者が対象であった。徴兵検査は毎年六月に本籍地で受けることになっていた。

また、検査の査定は、上から甲種（こうしゅ）、乙種（おつしゅ）、丙種（へいしゅ）までが合格、丁種（ちょうしゅ）が不合格であった。乙種はさらに第一乙種、第二乙種、第三乙種に分かれていた。時期によっても異なるが、甲種合格者は現役兵としてそのまま軍隊に入ることになっていた。

三八年一一月一〇日、早川村役場から彼のもとに徴兵検査通知書が届けられた。徴兵検査前に行われるトラホームと性病検査の通知で、翌月の一六日、翌年度の徴兵検査該当者が小田原警察署に集められて検査を行った。検査結果は「早川の壮丁（そうてい）（徴兵検査の適齢者）ではトラホームが一人、性病が皆無という好成績振り」（三八年一二月一七日）であった。

一〇月一三日生まれの三郎青年は、翌年の三九年六月五日に一九歳七か月で徴兵検査を受けた。

待望の徴兵検査も愈々来た。昨晩は胸が高鳴って早寝をしやうとしてフトンにもぐり込んだが、どうしてどうして寝られる処ではない。そして朝が来た。午前三時フト目を覚ますと緊張した気持で飛び起きた。しかしすがすがしい気持で落ち付いた気持で仕度をした。午前五時二十分役場に集合、直（ち）に出発、徴兵署へ着くと少々胸が高鳴る。午前中は体格検査を致さず、午後一時半頃から始まった。自分は身長一米（メートル）四八・二糎（センチ）体重四十三瓩（キログラム）なる体、人並に検査を成さず、飛び飛びに一から三から五まで過ごした。徴兵官の前での諮問も無事に過ぎ、司令（ママ）官からの諮問の時、司令官「お前は（青年）学校は」自分「今年の四月からです」司令官「他人にすすめられて入学したのか」自分「自発的に入学致しました」司令官「よしお前は感心だ、少し丈が少ないから丙種だ」（三九年六月五日）

早川村役場に集合した彼らを引率したのは、役場の兵事係と在郷軍人の二人だった。向かった先は臨時の徴兵署となった小田原町立第三小学校（現、小田原市立新玉小学校）である。検査項目は、普通は五種類あるところ、彼は小柄な体格であったため、二と四については省略されてしまったらしい。出征を夢見る彼の期待に反し、丙種合格との判定は実質的な免役であり、彼の出征の夢ははかなくも打ち砕かれた。

青年団活動

三八年三月に体をこわし、箱根細工の職人をやめて小田原町の親方宅から早川村の実家に戻った彼は、就職できない負い目もあってか、父親の片腕として農業にひたすら取り組んだ。この時期の日記の内容には、作物や天候に関することがやたらと多い。

実家に戻って一年がたち、地域の人間関係にも慣れてきたのであろうか、三九年になると村の青年団に関する記述が多くなってくる。三九年は青年団員として元日の神社参拝からスタートする。

一日、午前四時半に起床、自分は青年団員として紀伊神社に皇軍の武運長久を祈りに行く。早川中の青年団である。元旦のすがすがしい気持は言い知れぬものがある。愈々二十一才のスタートを切ったわけだ。（三九年一月三日）

三〇年代前半、地域の教化団体として在郷軍人会とともに様々な運動に関わってきた青年団は、この時期になると活動を衰退させていく。特に農村ではその傾向が著しく、大量の青年を兵士として戦地へ、または軍需工場の求めに応じて工員として都市へ送り出したことによる、青年男子人口の急激な減少がその原因としてあげられる。現に、彼は村の貴重な若い働き手として、近くの農家から農繁期には引っ張りだこであったことが日記の随所に登場する。

彼の日記での青年団に関する記述のほとんどが早川村青年団の吹奏楽団についてである。出征兵士の見送りでの演奏を主な活動として、三九年三月に吹奏楽団が組織され、彼はすぐに入会した。クラリネットを担当し、毎日練習に励んだ。

(前略) 来る村葬まで是非とも「君が代」「沈黙の凱旋」「葬送行進曲」を習得しなければ成らぬ。自分には昼間は習う暇があるでないし、故に夜の三時間ばかりは真剣そのものでやらねば間に合うまいと思う。唯何事にも真 (剣) であるならば上達間違いなしと思う。(三九年四月一四日)

こうした練習を積んで、戦死者の迎えや出征兵士の送りの折には、腕前を披露することになる。彼のひたむきな吹奏楽団への取り組みは、出征をひたすら願いながらも、丙種合格であるが故に銃後に残らざるを得ない負い目の反映なのかもしれない。

朝から豪雨だ。午前八時五十五分発上り列車で中組露木喜三郎氏が出征す。ブラスバンドで送るつもりだったが折悪しく豪雨なので行進吹奏はなさず、駅で出来得る限り吹奏す。練習に努力した甲斐があって今日は中々うまく吹奏出来たと信ずる。然しまだまだ練習する余地はある。(三九年六月二九日)

三九年三月に発足した早川村青年団吹奏楽団は、四か月の練習を積み、同年八月六日に小田原振興会主催で行われた「湘南吹奏楽団連合大演奏会」に参加団体として名を連ねている。参加団体一三のうち小田原町周辺の青年団の吹奏楽団が九つを占め、まさに青年団の音楽祭といってよい。午後四時半に小田原駅前広場に集合した各吹奏楽団は「国歌吹奏、宮城遥拝、皇軍勇士に感謝の黙祷」を参加者全員で行った後、御幸が浜まで演奏しながら行進した。御幸が浜では「報国大演奏会」と銘打ち、各楽団が二曲ずつ演奏をした。曲目は軍歌がほとんどである。演奏会終了後、今度は来た道を逆に、全員で「愛国行進曲」と「太平洋行進曲」を演奏しながら小田原駅へと行進した。駅での解散は午後九時半であり、真夏の小田原の夜のまちに軍歌が響いた。

(前略) 駅から会場まで各団毎に思い思いの演奏をしながら行く。早川は出場団の中一番楽器が少ない。しかし自分はそんなものには頓着しない。(中略) 愈々早川の番だ。祈る気持で舞台へ上る。然し不思議に落ち着いた。あれ程胸騒ぎした舞台に上ったのに何の事だ。練習の時よりも未だ落ちついた。今までにあんなに落ち着いて演奏した事はない。皆んなの気持もあれ程一致したことはなかった。(三九年八月六日)

兵士になることを夢見ながら銃後に残された小長谷三郎青年は、その負い目と、生来の生真面目さから、出征していった同世代の青年たちの分まで頑張ろうと、村内の様々な活動に積極的に関わっていこうとした。その姿は、戦時下の愛国青年の典型であり、戦争を銃後で支えた民衆の姿であった。

3　アジア太平洋戦争と国鉄職員

一二月八日の日米開戦

三郎青年は一九四〇（昭和一五）年一一月、国鉄に就職した。二一歳の時である。国鉄職員はいわゆる公務員であり、高等小学校出の若者にとっては、ある種、憧れの職種であった。彼は横浜の高島駅に配属された。

国鉄に勤めて一年経った四一年一二月八日午前七時、ラジオの臨時ニュースは、「大本営陸海軍部一二月八日午前六時発表、帝国陸海軍は本八日未明西太平洋において米英軍と戦闘状態に入れり」と繰り返し伝えた。

彼はこの時、職場の高島駅にいた。前日からの夜勤を終え、入浴中にこの臨時ニュースの発表を知った。

来る可きものが遂に来た。何時しか来るぞと予期していたものが遂に来た。「西太平洋上に於いて我が軍は英米艦隊と交戦状態に入れり」これぞ我等がひそかに期待した英米への鬱憤晴らしだ。続いて十一時三十分の臨時ニュースは華々しい我が艦隊空軍の活躍、其の一、我が大爆撃編隊はハワイシンジュ軍港を大空襲、其の二、我が大輸送船団が刻々ハワイに近づきつつあり、其の三、我が空軍部隊はグワム島其の他西太平洋の敵国諸島を大爆撃等々である。若き我等は血湧き立つばかりである。駅長に（ママ）（から）この報告を受けた瞬間既に我等の気持は最早昨日までの安閑たる気持から脱け出した。落ち着く可き処に落ち着いた様な気持だ。其れと共に新しい押え難い意気にかり立てられないでは居られないのだ。個人的な一切の気持は何処かへすっ飛んでしまった。そして愛国的な民族的な大きな気持に支配されてしまった。（四一年一

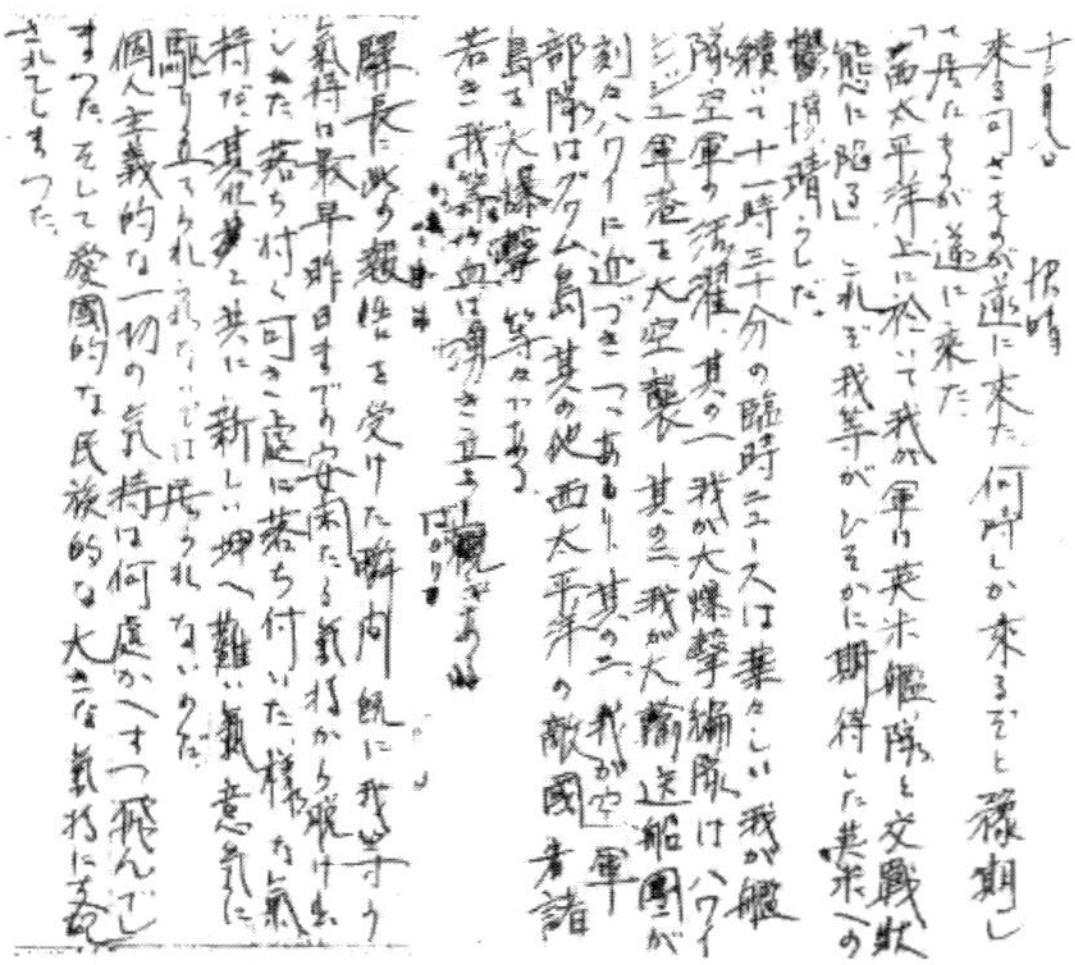

12 月 8 日の日記

二月八日）

日記の冒頭の「来る可きものが遂に来た」との言葉は、彼の日米開戦の受け止め方をよく示している。突然の日米開戦ではあったが、彼に「落ち着く可き処に落ち着いた様な気持」を抱かせたように、一二月八日は決して唐突なものではなかった。

四一年四月から始まった日米交渉は行き詰まり、その経過については随時新聞の紙面をにぎわせた。だが、その報道内容はもっぱら米国を非難罵倒し、日米開戦の危機感を煽る記事が主であり、日米の対立点を詳細に伝えるという論評の仕方ではなかった。逆に和平交渉を行いながら、一方で実質的に対英米戦争の開始を決定した「帝国国策遂行要領」が九月六日の昭和天皇を前にしての御前会議で可決・承認されていた。

また一一月四日には「対英米問題ニ関スル与論指導方針」が閣議諒解され、「与論ハ努メテ之ヲ自然的ニ昂揚セシメ且前途ニ希望ヲ抱カシムル如ク指導シ劃一的形式ニ陥ラシメサルコト」の方針が打ち出された。こうした政府の強力な世論操作によって、対米強硬論が形成されていったのであり、日記では日米交渉に一言も触れていないが、彼への聞き取りでは「日米交渉については新聞で詳しく知っており、憤慨し、ＡＢＣＤラインに対し非常に危機感をもっていた」と語っている。

さらに、彼をはじめ国民の多くが熱狂的に日米開戦を受けとめた理由には、一日中戦果報道と軍歌に明け暮れた当日のラジオ放送が挙げられる。朝七時の開戦を伝える臨時ニュースに始まり、真珠湾攻撃での戦果を繰り返し伝え、合間に勇ましい軍歌や行進曲を流し、東条英機内閣総理大臣の演説を入れるなど、開戦一色の編成であった。

そして「愛国的な民族的な大きな気持に支配されてしまった」彼は、一二月一〇日に超満員の聴衆を集めて東京・後楽園で行われた米英撃滅国民大会（帝都新聞通信八社共催）に参加した。

戦局と戦意

今までの研究（由井正臣「太平洋戦争」一九七七年）によれば、アジア太平洋戦争中の戦局（戦いの局面）の段階は、次のような時期に区分される。

○第一期・前半（開戦～四二年八月の米軍のガナルカナル島上陸）戦略的攻勢の段階
○第一期・後半（～四三年一月のガナルカナル島撤退）戦略的持久の段階
○第二期（～四四年七月のマリアナ海戦、サイパン島失陥）戦略的守勢の段階
○第三期（～四五年八月の敗戦）絶望的抗戦の段階

また、戦意（戦おうとする気持ち）の趨勢《すうせい》は今までの研究（粟屋憲太郎「国民動員と抵抗」一九七七年）によれば、次のような時期に区分される。

○第一期（開戦～四二年前半）急激に上昇した時期
○第二期（四二年後半～四四年前半）しだいに弛緩した時期

○第三期（四四年後半～敗戦）

このように戦局と戦意の関係を見ると、戦意の趨勢には、戦局の段階に時期的なずれはあるが、ほぼ照応した変化が見られるといえる。

彼の日記には、随所に戦局を報道した新聞記事を切り取って貼り付け、その記事の感想を綴っている。彼の日記から、戦局と戦意の関連性について見ていくことにしよう。

第一期について見てみよう。前述したように開戦時の彼の戦意は非常に昂揚し、その状態は日々もたらされる戦果の報道によって益々助長された。

開戦直後の戦果は、充分な準備をしての日本の奇襲攻撃に対し、連合国側の準備不足によってもたらされた以外の何物でもないのだが、彼はそれを精神主義の勝利であるとした。

物質に於てのみ勝利を得ると信じたルーズベルトは緒戦に於て完敗をきっした。ひるがえって、人間と訓練を主旨とする我が国は世界を驚倒せしむ可き大勝利を得た。大東亜戦に於ける勝敗の如く、又我々個人の勝敗も亦体と肝が備はる者が即ち最後まで勝利を得るのだ。

（四二年一月二七日）

さらにその精神力への絶対的信頼は、二月一五日のシンガポール陥落で頂点に達する。

添付の死して甦す陸軍魂なる記事の感想

死力を尽すとは此の事であらう。死を堵してとか、決死とか言ふのは未だ生やさしい。本当に体力や智力の問題ではなく真に精神力の唯攻撃精神のみで敵をしめ殺したのだ。此の時西尾一等兵の肉体は既に死して居たかもしれない。

つくづく思うは唯精神力の威力の実に大なるものなき事である。皇兵にしてのみ此の事が出来得るのだ。天皇陛下の下に笑って死ねる日本国民は幸福である。

此の記事のみで自分の様な凡夫の心底を動ぜしめずに於かぬ力は威大である。体も大切だが最後の勝利は矢張精神である。（四二年二月一五日）

開戦から四二年前半については、戦局的には戦略的攻勢の段階であり、彼の戦意は一般国民と同じく急激に昂揚したとみて良いだろう。国民の戦意がしだいに弛緩した第二期について見てみよう。開戦以後、順調に進められた占領地の拡張は、四二年五月初めの珊瑚海海戦以後は抑えられ、六月のミッドウェー海戦での敗北で決定的となった。

「新聞の世界情勢を好む事も人一倍」（四二年七月二一日）と新聞好きを自認する彼であったが、四二年後半からは日記での内容が自分自身のことや家族に関するものが多くなっている。

（前略）此の平凡な生活から離脱して真に生き生きした人間らしい生活を送ってみたい。こんなことを書けばそれでは現在の生活は人間味のない味気ない生活かと言えば大体に於いてさうなのである。他人様の鼻先をうかがって唯其の御機嫌を得やうとする退屈な考へ、随って真に自己の個性を発揮出来ず、徒らに人に頭を圧へられる様ないくじ無し。そんな日が続く。そんなやり方、だから人生を楽しむ事が出来ないのだ。もっと溌剌とした人生でありたい。（四二年一〇月二四日）

四三年は皇居参拝によって始まる。東京駅からまっすぐに皇居へと向かい、そこで数多くの人々に混じって新たな決意をする。

（前略）本日朝宮城を目前に拝する機会を得た。東京駅に降り立ち同じ目的の為歩む人波の中に身を投じて宮城前へ寒風もなんのその、この固りたる決意烈火の如し（中略）かりに思ふ敵国米国人が其の統（ママ）首ルーズベルトに対して果たして此の様な気持を抱く者ありやである。恐らく一人だにあるまい。（後略）（四三年一月一日）

四月一八日、連合艦隊司令長官の山本五十六がソロモン群島上空で米軍機の襲撃を受け戦死した。彼はこの山本五十六の戦死を一か月後の五月二一日の大本営発表で知った。

此の報は日本人として言ひ知れぬ深い感銘であると同時に、又武士道の真髄を発揮せられしものの如く、日本軍人としての最高の美てあると信ずるのである。（後略）（四三年五月二三日）

五月二九日のアッツ島の日本軍玉砕については次のように述べている。

（前略）大東亜戦争の緒戦は勝利又勝利の記録であった。しかるに此処に至って何か艱難に遭遇した様な容易ならざる戦争の前途を思はせる。我が守備隊が弱いのではない。確かに精神力に於ては我は勝っている。玉砕すとも其の魂は我々日本国民の上に脈々と息吹きの声を揚げて起こりつつあるのだ。陛下の捨石とならん。御国の基とならん。若者の血は逆流して邪を□がんと燃へたつのである。（四三年六月一日）

アッツ島玉砕は彼にとっては前途多難の指標であった。しかしながら、彼は、作戦失敗の結果である玉砕を精神至上主義によって天皇に対する奉公にすりかえ、美しいものとして絶賛する。そして、前途多難を悲観的に見るのではなく、逆に触発されて彼の戦意は昂揚した。

このように戦局の悪化に対しては憂慮するものの、だからこそ青年の使命感によってさらに戦わなければという気持ちを強く持つ。この根底には徴兵検査で丙種合格であり、同世代の青年達が戦場にいるのに対し、自分のみが内地にいるという負い目が強く働いていたからではないかと思う。

四四年も元日の皇居参拝で始まる。身近な友人や同僚たちも続々と出征していき、この時期、出征していく者の送別会に出席した記述が多くなってくる。

（前略）親しかった友が歯を抜く様に第一線に勇躍出陣する。俺ばかりが残される或る種の淋しさが心底に横たわる。俺も皇軍の一兵として一線に活躍したきものだと思はづには居られない。俺だって若いのだ。此の大東亜戦は若い者の独だん場だ。大いに頑張るのだ。我武者羅に頑張るのだ。（四四年一月二六日）

彼はこの時すでに二四歳であり、銃後の守りにとどまることは自尊心が許さなかったのであろう。だからこそ、戦局が悪化すればする程、彼の戦意は逆に昂揚するのであった。

また国鉄職員の場合には応召率が一般に低かったといわれている。彼自身、日記の中で「自分はある見地よりして鉄道職員の応召率は少いと見て居る」（四四年五月五日）と述べているように、鉄道は戦時下においては軍需輸送を担当する重要部門であり、軍部から配慮がなされた可能性がある。

六月一九日には、日本海軍にとっていわば最後の決戦であったマリアナ沖海戦で空母、航空機の大半を失い、七月にはサイパン陥落というきわめて重大な軍事的敗北が生じた。このことはサイパンを基地とした米軍爆撃機による直接の日本本土空襲が可能になったことを意味した。

（前略）戦局は斯くも重大である。内地は今や直接敵機の行動圏内に入った。敵機の襲来は正き近きにあり、明日はあるだろう。否一時間後の空襲を覚悟すべきである。（後略）（四四年七月一八日）

サイパン陥落は軍部・政府にとっても大きな衝撃であった。これによって戦争指導部の責任が問われ、以前からくすぶり続けていた反東条運動を一気に活気づかせ、七月一八日、ついに東条内閣は総辞職した。

四四年末になると、サイパン陥落時の彼の心配が現実のものとなっていく。日本本土への長距離爆撃機Ｂ29による空襲である。四四年一一月二四日の東京・中島飛行機武蔵野工場への爆撃を手始めに、それ以後連続的に日本各地の都市への空襲が行われた。

四五年二月には、彼は身辺近くで空襲に遭遇することになる。

（前略）十九日マリアナ基地を進発したＢ29は約百機の沃翼を連ねて京浜地帯を空襲した。此の日自分は日勤の番にて十五時三十分頃非常急報に接した。敵機の爆音が聞へて投弾の為か、高射砲の爆発音か大きな音が響いた。
後で知ったが入江駅と鶴見駅の中間地帯に十数発の爆弾が落ちたのだ。夜現場を見たが直径十米位の穴があいて其の附近一帯の人家は目茶苦茶に破壊せられて居る。又大工場、倉庫等の火災は未だ鎮火せず警防団等が消火につとめて居た。
此の被害現場を見たら其の惨害に背筋が寒くなるようである。今さら待避の必要を痛感した。（中略）
敵の量は遂に本土をおかしたのである。我等は必勝の信念を持っている。つまり命を捨てて唯我が職分に邁進せんのみ。個人の喧嘩にしても、負けるとか勝つとかは後の問題である。無我夢中に唯敵を倒すのみが唯一の目標である。其の状態が今の日本の姿である。勝つ負けるは問題ではない。唯敵を倒す為にのみ全精魂を傾け尽くすのが我等の今の生きる道である。個人の生きる道である。私利を追放せん。（後略）（四五年二月二一日）

米軍は、戦後に空襲の影響を調査した報告書で、本土空襲が日本人の戦意喪失を急激にもたらしたとの結論を出しているが、彼の場合には空襲体験が新たな戦う決意になっている。

三月に入ると、一〇日に東京大空襲、一四日に大阪大空襲が引き起こされ、人口密集地に対する米軍の無差別爆撃が一段と激しくなっていった。五月二九日、彼は横浜大空襲を身をもって体験した。

（前略）今かへりみるに何から何まで夢の様である。長い長い悪夢に苦しめられた様な気持ちである。猛煙、猛火、敵弾の落下音、爆風、白昼にもかかわらず暗となりし事、碓井昭二（同僚）の火傷、廃きょと化した我が愛する駅、市街地。

これが戦争なのだ。これからだ本当の裸になって戦ひ得るのは。吾々は大いに頑張らねばならぬ。必ず此の仇は討ってやるのだ。（四五年五月三〇日）

敗戦

五月三一日、彼は召集令状を受け取った。召集地は山梨県甲府の東部六三部隊である。その日の日記に次のように記している。

（前略）来る可きものが遂に来た。愈々男子の本懐を遂ぐるの日がきた。去る二十九日敵六百機の横浜暴爆に際し、雨と降る焼夷弾の中、敵に対する無限の憤怒は烈火の如く燃ゆるのであった。あの猛烈な黒煙と落下弾と猛火の中唯ひたすら思い続けた事は「此の儘では死にたくない。いや死んでたまるか。死ぬなら一発の弾丸でも敵に見舞って死ぬんだ」と思い又「一機良く一艦を屍り去る我が特攻隊勇士の壮挙が実に羨ましい」とつくづく思った。神なるかな。此の小さき人間の思いが通じたるものの如く其の数日を出でずして愈々我が死ぬ思いがかなった。これを天佑と言わずして何ぞ。これを天の導きと言わずして何ぞ。此の横浜戦災地の焼け残りたるへいに誰が書いたか「我れ此の仇敵を討たん」とあった。「然り此のにくみても余りある此の仇敵を断じて討たん」我が愛する駅を線路を、はた又同僚を傷つけし此の暴敵を今こそ戈を取って粉みじんに粉砕せざれば止まず。（四五年五月三一日）

甲府の召集地で、彼は軍隊における食糧事情や装備の想像以上のひどさを自らの目で確かめることになる。この時、彼は日本の敗戦を確信した。

しかし、それでも彼の戦意は崩壊しなかった。彼は衛生兵として「苛烈ナル決戦下一日も早く御国の御役に立つ可く第一線部隊に転居させられたし」（七月二二日）との九州への転出希望を提出した。そして本土決戦すべく転出していった九州の熊本で、彼は敗戦を迎えた。

敗戦を知ってから約一か月の間、彼は日記を付けていない。

この日記帳の八月十六日より本日迄丁度一ヶ月、余りにも国家的に又個人的に大変化が来たりし事に依り其の記入す可くも物憂くなり遂に一ヶ月間の大変化の記録を飛ばしてしまった。（四五年九月一六日）

敗戦体験は、彼に「物憂い」という虚脱感を与えた。多くの人々が味わった以上に、米軍と本土決戦すべく転出希望まで出して九州の部隊へやってきていた彼の虚脱感は大きかったに違いない。

子どもの頃より日記を毎日のように書き続け、召集された軍隊内においても戦況や軍隊生活の様子をこまめに綴ったことを考えると、一か月間何も日記をつけなかったのは異常である。この一か月間は今までに経験したことがない出来事が矢継ぎ早に起こり、毎日の日記の材料には困らなかったはずである。しかし彼は何も書けなかった。

以上、見てきたように、一般民衆の戦意は敗戦に向かって解体、崩壊していくのに対して、彼の場合には逆に高まっていく。銃後に残された彼にとっては、戦場に行けなかったことが大きな負い目となり、その為に戦局が悪化すればするほど戦意が高まっていったのであろう。彼は銃後に残された青年の典型的な姿であった。

第二章　日中戦争と小田原地方

1　教員・八田禮の短期現役兵

短期現役兵

戦前の日本社会では男子に兵役が課せられていた。一八七二（明治五）年の徴兵告諭、翌年の徴兵令によって徴兵に応じることが国民の義務となり、八九年に公布された大日本帝国憲法第二〇条「日本臣民ハ法律ノ定ムル所ニ従ヒ兵役ノ義務ヲ有ス」によって、徴兵制は憲法上の遵守義務となっていた。

短期現役兵とは、師範学校を卒業し小学校の教職にある者、あるいは卒業した者に短期間だけの現役服務を義務づけ、そののち国民兵役に編入する制度である。短期現役兵制度は、徴兵令の改正のたびに服役期間の変更がなされ、二七（昭和二）年の兵役法成立で短期現役兵制度と称され、師範学校において軍事教練を修了した者については期間が五か月間となった。つまり、一般男子が現役徴集で二か年の服役期間に対し、服役期間を大幅に減らした兵役上の特権制度の一つである。

ここでは、小学校教師をめざして師範学校を卒業した一人の青年が、軍隊に入り内務班生活の様子を綴った日誌を通して、十五年戦争が始まろうとする昭和初期に短期現役兵制度によって一人前の兵士になっていく過程をつぶさに追ってみたいと思う。

日誌の主・八田禮と昭和初期の社会状況

日誌の主・八田禮《はったれい》は〇九（明治四二）年に神奈川県足柄下郡小田原町谷津《やつ》（現、小田原市城山）に生まれた。父親の八田良造（一八八〇年生まれ）は、足柄下郡前羽《まえは》村（現、小田原市前川）役場の書記をしていた。

八田禮は二二（大正一一）年三月に片浦村立片浦尋常小学校を卒業、温泉村立温泉高等小学校を経て、神奈川県立小田原中学校に編入学し、二八（昭和三）年に同校を卒業した。卒業後は小学校教師になるべく神奈川師範学校（所在地は鎌倉郡鎌倉町）に入学した。

師範学校は、高等小学校卒業者を対象に五か年の課程で教員を養成したが、〇七年に小学校の修業年限が四年から六年に延長されたのに伴い、師範学校規定が定められ、中学校や高等女学校卒業者を受け入れる一年生の第二部が制度化された。この新たな制度によって、八田禮は二九年三月に神奈川師範学校を一年間で卒業した。

この時期の社会状況について見ておこう。二三年の関東大震災で経済的に大打撃を受けた日本は、アメリカやイギリスなどの列強とできるだけ協調を保ちながら中国に進出しようと協調外交の方針をとった。いわゆる加藤・若槻両内閣での幣原外交である。しかしながら、二七年に田中義一内閣ができると、協調外交を捨て中国に対する積極的な態度に転換し、二七年、二八年と山東出兵を行った。

国内経済では、二七年に起きた金融恐慌を収拾する過程で多くの中小銀行が整理され、五大財閥銀行が力を強めた。社会状況では労働組合の結成により労働者の組織化が進み、農村では小作争議が激化した。二八年には普通選挙法による最初の総選挙が実施され、同時に共産主義者の一斉検挙が行われた。

昭和初期の日本社会を概観すれば、日本の国際社会での力の向上によって、アメリカやイギリスを始めとする列強との軋轢が強まり、国内的にはそうした動きに反発する形で軍部の発言力が増し、経済不況を背景に日本社会の構造的矛盾が一気に吹き出した時期である。

こうした社会状況を背景に、八田禮の短期現役兵として軍隊の内務班生活が始まった。

内務班生活

八田禮は、二九（昭和四）年四月一日から八月三一日までの五か月間、東京の近衛師団第四連隊に入隊した。近衛師団の前身は、明治維新に貢献した薩摩、長州、土佐の三藩からなる御親兵である。一八七二年、御親兵は近衛兵と改称され、九一年に近衛師団が創設された。近衛師団の兵士は、地元の郷土兵からなる他の師団と異なり、全国各地から集められた皇居守護を目的とした師団であったことから、兵士たちがエリート意識をもった師団であったという。

入営初日、いよいよ始まる軍隊生活への決意が書かれている。

> 全く希望に満ちた様な不安に満ちた様な気分であった。（中略）愈（いよいよ）軍人になるのだと云ふ感をますます深くした。（中略）畏れ多くも今上陛下を守護し奉る我等近衛兵の名誉この上もない。（四月一日）

内務班生活を綴った「感想録」と名づけられた３冊のノート

一週間たった四月七日の日誌には「私の想像程上級の者は威張っていない」との感想を述べている。この感想からは、入営したての初年兵へのお客さん扱いと同時に、将来小学校教員になる短期現役兵への厚遇が読み取れよう。いずれ、子どもたちへ軍隊について教えるであろう短期現役兵への手厚い扱いなのかもしれない。

四月一五日には宮城を見学し、近衛師団に入営した喜びについて次のように述べている。

> 二重橋に立ったとき、二重橋（の）外で多くの人が宮城の方を拝してどんなに吾々をうらやましく思ったことだろう。私の様（な）賤民が宮城を拝観するなど思いもよらなかった。一生一度の光栄だ。もう一（ママ）度こんな嬉しい日はもう来ない。これも近衛兵となったからだ。私は近衛に入隊したことを嬉しく思った。（四月一五日）

内務班生活で使った貴重品袋

平時の軍隊生活の場である内務班は、軍曹が務める班長のもと三〇人ほどで集団生活をしながら訓練を受けている。その内務班が三～四個で一つの中隊が成り立っている。陸軍では中隊が一番小さな戦闘単位であり、中隊長は大尉か古参の中尉がなる。ちなみに、中隊四個で大隊となり、大隊が三個で一個連隊となる。歩兵連隊は平時では約二〇〇〇人の規模となる。中隊長が最初の訓示の中で短期現役兵に向けて述べていた「国民教育と軍隊教育の連繋」という言葉は、短期現役兵の目的として頻繁に日誌に登場する。この言葉に、軍隊経験をした小学校教員を通して児童たちへ軍隊への親しみを浸透させようとした軍のねらいが感じられる。

日曜日については休暇日である。八田禮は日曜日にはよく外出している。五月五日の日曜日には「新緑の美しさを求めに」皇居外苑を散歩した。


私達は明治大帝を敬仰し奉り大徳を追慕するとともに、此の意義ある外苑を子孫まで相伝えるべきものである。大和民族である以上、この覚悟がなければならぬ。（五月五日）

このように、皇居守護を任務とする近衛師団に入営した八田禮は、ますます皇室に対する敬愛の念を高めていった。

天皇から連隊に軍旗が下賜された日を祝うことを軍旗祭というが、八田禮が属する第四連隊の軍旗祭は五月二四日であった。午前には「いとも厳（おごそ）かな軍旗祭の儀式が行われ」、午後は「日本青年会館で余興があった」。余興のあとは祝宴となり、「ビールの音、サケの響が歓声と共に浮び上った。若人はおどる。元気に愉快に面白く、若人ははねている」と、祝宴の様子を日誌に綴った。軍旗祭が兵士たちにとって、年に一回の息抜きの機会になっていたことがうかがえる。

二か月が過ぎた六月一日、八田禮は二等兵から一等兵へと進級した。六月に入ると一〇日に「初めての実包（じっぽう）（実弾）射撃」、一三日に営外での「戦闘教練」、一四日に「軽機関銃の分隊教練」といったように、より実践的な訓練に入っていった。

「残る二ヶ月で私達の目的は完全に遂行し得られるだろうか」（七月一日）との言葉を書いて七月が始まった。この年（二九年）の四月にも共産主義者の一斉検挙があり、共産党系と目された労働農民党や日本労働組合協議会などに解散が命じられるなど、共産主義への弾圧が行われた時期である。八田禮は共産主義について次のように記している。

現今、我が国民の一部に共産主義を貴び、我が国体をあやまるのは遺憾の極みである。而も最高学府の学生に見るのは如何なることに帰着するか。彼等学生は小学校時代に鞏固な信念が教師より植えつけられなかったからだ。如何に小学校教育が大じであるか云うまでもない。そうした職にある吾人は大いに教育に従事して再び斯くの如き不祥事のない様に全幅の努力を払わなければならぬ。（七月三日）

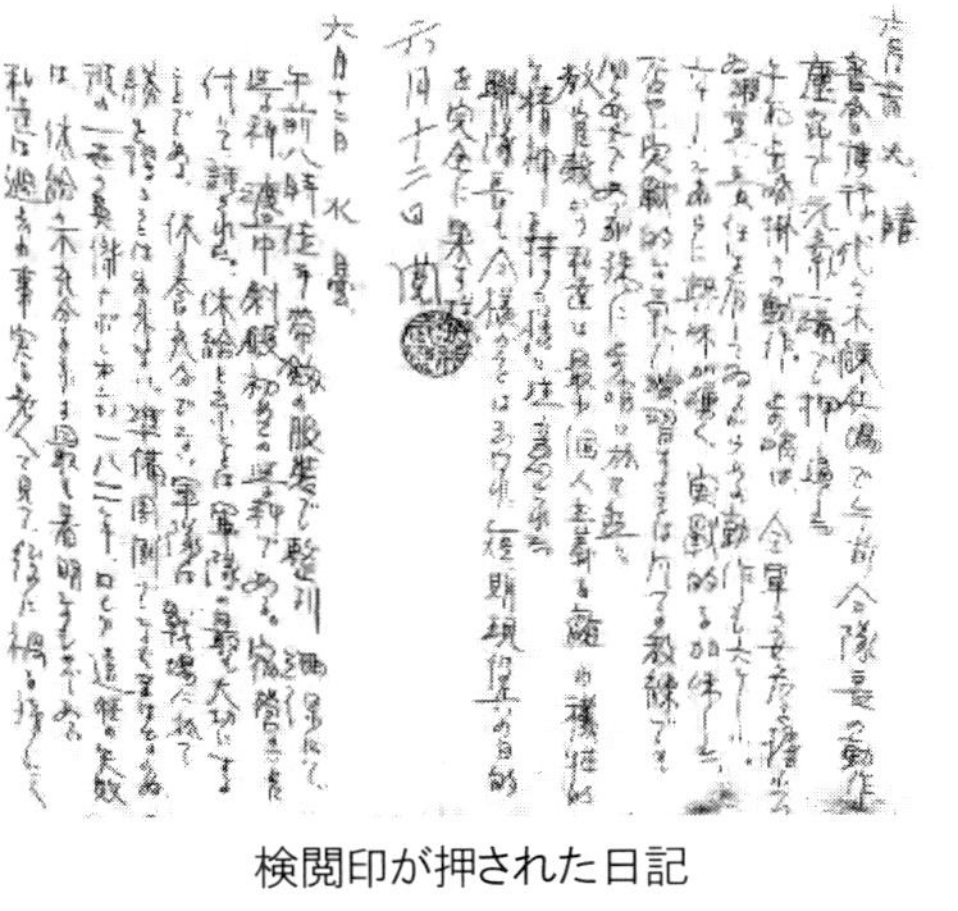
検閲印が押された日記

多くの学生が逮捕されたことを知り、小学校教師になる八田禮は小学校教育の責任だと思い、新たな決意をする。

二九年に神奈川師範学校を卒業した八田禮は、小学校に赴任せぬまま四月に軍隊に入隊したが、赴任先の小学校は決まっていた。小田急線の渋沢駅から徒歩二時間の大山の麓にある小学校で、日誌には校名は書かれていないが、「軍隊生活の一端でも知らせて来る様に」との命を受け、七月二四日、赴任予定校を訪問した。

　高等科の室で約四十分ばかり話をした。軍隊生活の一端を述べた。「礼儀正しい質素を旨としている軍隊は諸君の想像を及ばない所が多々ある」と言った。児童はよく理解出来たかどうか第三者の判断を待つのみだ。久しぶりで教壇に立ったので上（が）り気味で話しにくかった。（七月二四日）

日誌の中にたびたび登場する短期現役兵制度の目的「国民教育と軍隊教育の連繋」を、そのまま実行した小学校訪問である。

八月一日、八田禮は一等兵から上等兵に進級した。最後の月となる八月は、三日から一五日までの一三日間、連隊全体の演習で御殿場へ「富士出張」に出かけた。「私達から考えて見るとこの出張は最後の仕上げに相当」（八月一五日）と日誌に書いているように、まさに五か月間の集大成ともいうべき演習であった。

八月二〇日の日誌には、短期現役兵を修了する感想が次のように書かれている。

四月に入営してからやっと内務生活に、教練に慣れて来たのに去るとは。でも形では一人前になった積りだ。今考えて五ヶ月居た間に何か肉体的に精神的に得たものがあろうかしら。私達は肉体的には相当得たが、精神的に得た方が多いだろう。（八月二〇日）

八月三一日、八田禮ら短期現役兵は、下士官である伍長に進級して除隊した。

軍隊における初年兵教育については、平時と戦時とでは異なるものの、野間宏が小説『真空地帯』（一九五二年）で内務班生活を赤裸々に描いたように、シゴキやイビリがはびこる非人間的組織として受け取られていた。だからこそ、できれば軍隊に行くことを逃れたいと庶民の中に徴兵逃れ祈願があったわけである。

それに対して、八田禮の日誌にはシゴキやイビリなど内務班の負の面ともいうべき様子はまったく見つけることができない。指導教官の検閲があり、そうしたことがあっても書けない面があったことは当然であるが、日誌の雰囲気からはそうしたことはまったく漂ってこない。むしろ、除隊後に小学校教員となり、いずれ兵士となる子どもたちを教育する短期現役兵への優遇措置により、内務班の負の面から遠ざけられていたのかもしれない。

以上、昭和初期の短期現役兵の日誌を通して小学校教員が兵士となっていく様子を見てきた。三一年の満州事変勃発で幕を開ける十五年戦争下での軍国主義教育を考える上で、小学校教師がその担い手として推進していく大きな力となったシステムの一端を垣間見た気がする。

2　足柄下郡福浦村の経済更生運動

漁村の窮乏

一九二〇年代には戦後恐慌、震災恐慌、金融恐慌と再三の恐慌が起こり、二九年の世界大恐慌に至って日本経済は壊滅的打撃を蒙った。恐慌はあらゆる商品の価格を下落させ、漁価も例外ではあり得なかった。高級魚から大衆魚まであらゆる漁価が下落し、下落率は二八年を一〇〇とすれば、二九年は九〇・二、三〇年は七九・九であった（『水産界』一九三一年一一月号より）。このような魚価の下落は、直接的に漁家収入を減少させていった。

さらに魚家経済の破綻に追い打ちをかけたものとして、操業に必要な工業製品、たとえば石油、重油、揮発油などの値下がりが、魚価の下落率に対して比較的少なかったことがあげられる。つまり、漁民の売る物は安く、買う物は高くなるといったことが起こり、漁民生活は著しく圧迫されていった。その収入源の穴埋めとして貯金を減らし、または借金で対処するしかなかったのである。

こうした昭和初期の状況下にあって、小田原地方の漁村がどのような状態に置かれ、どのように対峙したのか、足柄下郡福浦村を取り上げて見ていくことにしよう。

福浦村とは

福浦村（現、湯河原町福浦地区）は相模湾の西端に突き出た真鶴半島の西頭部に位置している。背後に箱根連山の山裾をひかえ、村内は階段状をなしており、耕地となるべき平地はほとんど存在しない。このような地形は村民に生活の糧を海に求めることを余儀なくさせている。

三二年時における福浦村の状況について見てみよう。総戸数二一三戸、総人口一五一一人（男子七七五人、女子七三六人）。一五集落に分かれているものの、面積がわずか〇・三平方㎞（東西九六四メートル、南北五九四メートル）しかなく、全戸が一か所に集中して住居を構えている。

また、福浦村は東隣の真鶴町とその隣の岩村との三町村で事務処理の合理化を図るため、それぞれ固有の役場を持たず、真鶴町外二ヶ村組合役場という共同の役場を所有している。組合役場は三町村で最も大きな真鶴町に所在しているので、福浦村は単一の村であっても村内に村役場がないといった奇妙な現象をきたしている。

村議会は一一人の議員によって構成されている。三三年四月に行われた村議会議員選挙では最高当選者の得票が三〇票、最低当選者の得票が八票であり、村の顔役ともいうべき村議会議員になるには成年男子（戦前、女子に選挙権は与えられていなかった）わずか一〇人ほどを取り込むだけてよかったといえよう。

職業別戸数は漁業一四一戸、農業三戸、商業四六戸、工業九戸、その他一四戸である。商業はほとんどが魚の行商であり、工業は村の特産でもある石材業、その他は小学校教員、役場職員、鉄道員である。つまり、全戸数の九割近くが直接または間接に漁業で生計を立てているという純粋な漁村である。一般的には漁村地区を持つ町村であっても、漁家が全戸数に占める割合は多くて二～三割であり、全戸数の九割近くが漁業に関係しているというのは、福浦村がきわめて特殊な村であるということを表している。

漁業について見てみよう。三二年の段階では港は建設中（三四年完成）で、時化《しけ》の時には隣の真鶴漁港へ避難しており、福浦漁港の完成は全村民の悲願であった。漁船は動力付漁船が二五隻、無動力漁船が五一隻の計七六隻。ただし、動力付漁船といっても二五隻すべてが五トン未満で、遠洋漁業は不可能であり、全ての漁船が沿岸漁業に従事していた。

さらに村内にはとりわけ大きな船主が存在していない。三七年段階で漁家一四一戸中、四二戸が船持ちであり、その内五隻以上所有が一戸、二隻以上が一二戸、一隻所有が二九戸である。つまり、約三割が船持ちで、残りの約七割が漁夫として雇われていた。

福浦村経済更生計画

福浦村は近くに湯河原、熱海という温泉場を控えていたため鯛などの上物の魚は相当高価に売れ比較的豊かな漁村であったが、恐慌によって福浦村も貧窮の漁村へと転落した。

三二年度における村の負債総額は一六万九八〇〇円（一戸当たり約七九七円）である。負債総額が村の年間収入総額（三二年度は一一万二〇〇〇円）の約一・五倍というきわめて多額で、村独力で返済できる金額ではなかった。

こうした村財政破綻状態において、三二年に経済更生指定町村に指定された。この時期、疲弊した農村や漁村を救済する目的で、自力更正をめざして農山漁村経済更生運動が政府主導によって進められていく。全国規模で推進していくには当然ながらモデル村が必要であり、全戸数の九割近くが漁業を生業とする福浦村は漁村のモデルケースとしては打って付けであった。

指定村決定後すぐに神奈川県の援助で「漁村経済更生計画基本調査書」が作成された。その調査結果に基づいて決定された「福浦村経済更生計画書」は、「全村民の和衷協同と各種団体の連絡協調の下」向こう五か年で経済更生を完成させることを目標にしていた。

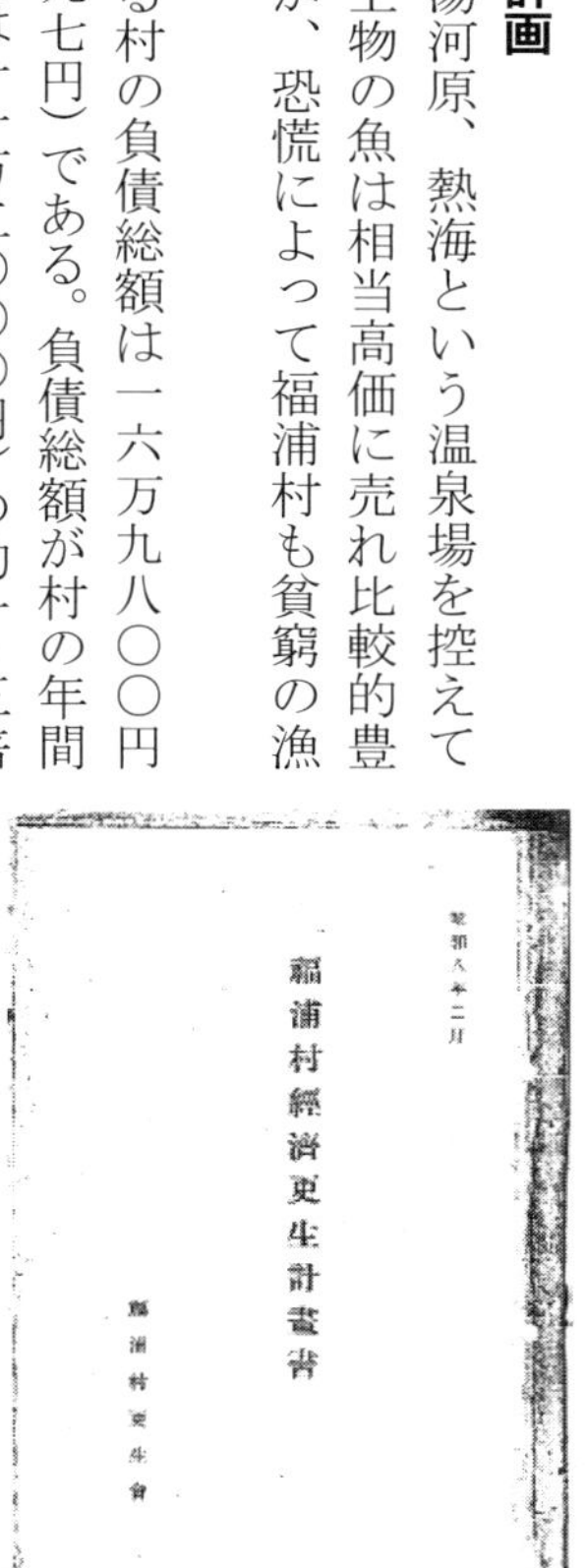

計画書の表紙

「計画書」での生産目標については、村の唯一産業である漁業による収入の増加が望めない以上、増収の道を副業に求めている。一般に日本の漁村は半農半漁の性格を有するため副業を農業に見いだすが、福浦村の場合耕地となるべき土地がほとんど存在しないので不可能である。そこで、それほど土地を必要としない養豚や養鶏が奨励され、さらに主婦の内職として団扇（うちわ）製造が持ち込まれた。

養豚と養鶏で五年後に、現在の生産額一三七円の一〇倍以上の一五〇〇円の収入を見込んでいる。また団扇製造は福浦村では全く行われておらず、村民の代表が団扇の生産地へ出かけて技術を取得した上で村民に製造方法を伝え、四〇〇〇円の収入を見込んでいる。

「計画書」での支出目標については、現在一〇五〇円の漁船購入費を五年後には四〇〇〇円にと大幅な投資増加を見込んでいる。生産高を増やしていくには農民が耕地面積を増やすように、漁民は漁船の買い換えが不可欠である。その穴埋めとして、油代、氷代などの共同購入によって支出を減らそうと見込んでいる。さらに食糧代、交際費、冠婚葬祭費などの生活費の節約を課題としている。

負債整理については、村独力では解決できないため、「負債整理ニ関スル計画ハ政府ノ方針確定ノ上詳細ノ事項ヲ定ムルモノトス」（計画書）と述べられているように、すべて政府の指導に待つという方針である。

こうして作成された「計画書」は、県の経済更生委員会の審査を経て決定され、その後の福浦村経済更生運動を、安易に変更できない不文律として規定していくことになる。

福浦村経済更生運動

三二年一一月一日に福浦村更生委員会が設置され、事務局が福浦尋常小学校に置かれた。会長には露木茂が就任し、委員は組合役場吏員、村会議員、区長、小学校教員、神職、僧侶、警察官、各種団体代表者等から構成された。露木茂は村内名家の出身で、東京府立園芸学校を卒業し、青年団長を経て三三歳で会長になった。村長が会長に就かず、最近まで青年団長だった露木が会長になったのは、青年団に運動の刺激剤の役割が期待された結果なのかもしれない。

翌年の三三年二月一一日には醍醐寺において更生宣誓の全村民大会が開催された。その場で「福浦村経済更生計画書」が正式に承認され、経済更生運動がスタートした。「計画書」に基づいて副業が奨励され、燃料等の共同購入を実施しながら、漁船への投資を進めていった。

同時に生活改善実行運動が実施された。「計画書」で生活費の節約が課題として叫ばれている以上、それを達成するための方法が必要であり、具体的な活動指針を示す「福浦村生活改善実行規約」が作られた。二〇条から成り立っており、第二条「時間ノ励行」第三条「婚礼」第四条「出産祝」第五条「葬式及仏事」第六条「家屋其ノ他ノ建築及修繕」第七条「軍人ノ入営除隊等」第八条「贈答」第九条「元旦」とあるように、生活のあらゆる面にわたって更生村民としての守るべきことが指示されている。

第一五条では「経済生活ノ更生ヲ図ルト醇厚ナル風俗習慣ラヅクリ一村ラシテ和気靄々タラシメンコトワ期スルコト」として一二項目を挙げて精神面を協調している。生活改善実行運動は一種の精神主義運動であり、忠実に実施されたのは各家一名が入会している主婦会が主体となって率先して行ったからである。

生活改善実行運動の一環として「生活改善功労者」の表彰式が三七年一月一六日に行われた。福浦村更生委員会から表彰されたのは高橋春吉である。春吉は一八七〇年生まれの六七歳。一〇歳から漁業に従事し、四七歳で魚の行商に転じた。息子二人と行商を行うとともに、家に削節機を備えて削り節を製造。畑四反を購入して蜜柑を栽培。さらに台所の残滓で豚を飼育し、漬物類を小田原から仕入れて販売。三二年の実収入七二〇円を三七年には九九〇円にした。こうした取組が「漁村ニ於ケル多角的経営の範」（表彰状）として表彰された。

生活改善実行運動によって相互監視が日常化し、経済更生運動で精神主義運動の色合いを強めさせ、それにともなって共同体意識をさらに高めさせていったと考えられる。

経済更生運動の結果

五か年計画の完了一年前、四年間を経過しての中間報告「足柄下郡福浦村経済更生計画実施実況調」が出されている。

「実況調」によれば、負債整理では総額一六万九八〇〇円あったのを一一万六三九七円にした。一一万九八〇〇円に減らす目標を五年を経ずに達成したことになる。三四年二月に設立された負債整理組合が元利金の引き下げ及び期限の延長斡旋を行い、日掛制度によって負債を確実に償還させるなど、有効に機能した結果である。

副業では、養豚は目標数の一〇三%、養鶏は目標数を大幅に上回る一八五%を達成した。それらに比べ、団扇製造は三〇万本という目標に対し五万二〇〇〇本とわずか一七%しか達成していない。利益率がそれほど良くなく、関係者に「一〇年間やらぬと営業として成り立たぬ」と言わしめたように、所詮は素人仕事であり、主婦たちは年ごとに団扇を製造する共同作業所へは行かなくなったという。

生活費については全村で三二年段階で八万一五六六円だったのを、四年後には七万八一〇〇円とし、三四六六円減少させており一応の成果が上がっている。冠婚葬祭費や交際費が減少した結果である。

三五年五月二九日付けの地元新聞『東海新報』には「更生の福浦村を模範村へ県当局の力こぶ」と題して次のように述べている。「昭和七年の経済更生指定村下郡福浦村はその後益々優秀な成績をあげ（中略）県当局ではこの成績を賞讃し、更に一歩を進めて模範漁村として全国に誇り得るものとするため六月三日夜総合指導協議会を開催、県からは堀江農務、青木水産両課長等が出席積極的活動を促すことになった」

県当局にとってみれば模範村としての福浦村の経済更生運動を失敗させるわけにはいかなかったのであろう。三六年一〇月二六日、福浦村は財団法人富民協会より更生成績顕著として唯一の漁村として表彰された。さらに同年、経済更生特別助成町村に指定され、福浦村は第二期の更生計画を打ち出していく。

以上、福浦村経済更生運動は経済的にはそれぞれの目標を一応達成しており、その面では成果が上がったと考えてよいだろう。ただ、生活費の切り詰めが大きな課題とされたため、運動自体が精神主義的色合いを強めざるを得なく、漁村の特殊性から女性たちが運動の担い手となり、より相互監視の傾向を増長させた。このことにより共同体意識をより強化させ、反対意見の存在そのものを許さぬ風潮を村内に招いたといえよう。こうした民衆のファッショ化はその後の日中戦争、アジア太平洋戦争を支えた銃後社会へとつながっていく。

3　小田原町の選挙粛正運動

小田原町の政治状況

戦前の日本が戦争の時代に突き進んでしまった原因を考えると、大正デモクラシーに代表される政党政治が力をそがれ、軍部が台頭し、その結果、後戻りできない戦争への道につながったと言えよう。

そうした面での国政レベルの変遷はよく知られているが、地方議会がどんな状況であったのか中々伝わってこない。ここでは一九三七年四月二五日に投票が行われた小田原町会議員選挙における選挙粛正運動を通して、地方議会での政党がどのように変わっていったのか見ていくことにしよう。

当時の小田原は、現在の市街地を中心に町制が敷かれており、一九三八年度版『町勢要覧』によれば、戸数五五四六、人口二万七二五七人。観光地箱根をひかえた神奈川県西部の中心的な工業・商業地であった。

国政選挙レベルでみてみると、小田原町は衆議院の選挙区では神奈川第三区に属していた。平塚市・高座郡・中郡・足柄上郡・足柄下郡・愛甲郡・津久井郡から成る神奈川三区は定員四人。小田原町は足柄下郡に属する。二八年の普選第一回の総選挙（第一六回）以来、犬養内閣下での第一八回総選挙での政友会の大勝（神奈川三区では政友会三、民政党一）を除いて、三六年の第一九回総選挙まで、すべて政友会と民政党が二議席ずつ分けあっている。

その中の鈴木英雄（政友会）と平川松太郎（民政党）の二人が小田原町を地盤としていた。また第一八回総選挙から立候補し、連続当選している河野一郎（政友会）も平塚市を地盤としているものの、小田原出身ということもあって小田原町会に影響力を持っていた。しかし、なんといっても小田原町を最大の地盤としていたのは鈴木英雄であった。

鈴木英雄は一八七七年に小田原で生まれ、農商務省特許局長を経て二八年の普選第一回の総選挙で衆議院議員に当選。水産業をバックに第一七回、第一八回と総選挙を勝ち抜いていったが、三六年の第二次選挙粛正運動が展開された第一九回総選挙で落選（次点）した。

したがって今回の町議会選挙は、鈴木が初めて議席を持たずに、系列下の町会議員が選挙運動をすすめることになった。

小田原町議会についてみてみよう。定数は三〇人。鈴木英雄の最大の地盤ということもあって、町議会における勢力としては公正会（政友鈴木派）が単独会派で過半数を制していた。他に小田原町政研究会（政友河野派）が四人、さらに河野派と同勢力の民政平川派や、中立の町会議員に色分けできる。つまり、この時期の小田原町議会もすでに政党化の波が押し寄せてきており、代議士の系列に町会議員の多くが組み込まれていた。さらに勢力分野では圧倒的に政友会系が優位であった。

また、前年の二月二〇日に実施された第一九回総選挙で社会大衆党が躍進した結果、小田原町のような地方小都市にまで無産政党の活動が広がってきていた。三六年一二月一三日、小田原の御幸（みゆき）座（劇場）において、社会大衆党足柄支部の結成大会が開催された。大会には社会大衆党委員長の安部磯雄をはじめ、同党代議士や県議がかけつけ、『横浜貿易新報』は「足柄社大支部　盛大に発会式」との見出しで、「熱弁をふるって千余の聴衆を魅了した」と報じた。支部の当面の活動は、四か月後に迫った小田原町議会選挙に党員を立候補させ、初めての議席を確保することであった。

足柄自治連盟

小田原町会議員選挙の半年前、選挙粛正運動で推進力となり、重要な役割を果たす足柄自治連盟が誕生する。三六年九月二四日、小田原町立第二小学校において足柄平野都市計画座談会が開かれ、小田原町を中心とした市制施行をめざす推進力を担う組織として、足柄自治連盟なる新たな組織を誕生させることが確認された。創立に向けて委員会が三日後の九月二七日に小田原町役場で開かれ、地元選出の県会議員や足柄地方の各町村から有力者が出席した。

一一月七日、足柄自治連盟は、小田原振興会々長で小田原紡績重役の益田信世を会長に迎え、事務所を小田原町役場内に置いて発足した。

益田は、『東海新報』三七年一月二一日の記事で「如何なる角度から見るも議員として適正なる人物であると見極めのついた人々のみを町会に送ることが出来れば其所に自治の振興が期せられ町の発展が望み得られる。」と述べている。つまり、町会に連盟の方針を支持する人物を多く送り込むことで市制施行を実現していこうとしたのである。こうした考えは「議会の刷新」を訴えて繰り広げられていた選挙粛正運動と、議会（町会）を変えていくという点で一致し、足柄自治連盟がその運動の小田原における担い手になっていくことになる。

小田原町の選挙粛正運動

小田原町会議員選挙投票日までの四か月について、足柄自治連盟の動向を中心に、小田原町における選挙粛正運動の展開を追っていくことにしよう。

二月一六日、町役場で小田原町区長（町内会長）会が開催された。三六区長のうち二九区長が出席したこの会で、足柄自治連盟会長の益田が挨拶にたち、連盟が選挙に向けて進める「愛郷運動」について説明し、「是れは宜しい事だから是非一緒にやろうと言って貰いたい」（『東海新報』二月一八日）と述べ、町会議員選挙に対する協力を訴えた。

益田の要請に対して、区長会は同日付の「小田原町民各位に愬ふ」とのパンフレットを配布した。多分、連盟が準備したものを区長会の名前で出したのであろう。選挙粛正運動が町内会・部落会を積極的に動員して進めていったと言われており、その面から、このパンフレットはきわめて重要な意味をもつため、少し長いが全文を紹介したい。

小田原町民各位に愬ふ
吾等は正義愛町の信念を堅持し大乗的見地に立脚し至誠献身自他共に相率て実践躬行明朗堅実なる町政の建設に全力を傾注し以て各自の生活安定に資せんとす而して其要訣たるや既往選挙の実情を検討し専ら愛町の精神に則り之が革正に力を致し以て明朗公正なる自治の振興に努めんことを期す。
昭和十二年二月十六日

小田原町　三六会

（三六区の区長全員の氏名が記されているが、略す）

申合事項

吾等は天意を畏み皇徳を仰ぎ愛町の精神を培養せんか為め四月二十五日執行せらるる町会議員総選挙に際し左記事項を指導督励するものとす。

記

議員候補として望みたき人

一、人格徳望力量あり廉直公明なる人
二、自治行政に正しき認識を持つ人
三、最も愛町の念強き人
四、相当の経歴識見ある人
五、隣保協助の美風ある人
六、定職若しくは恒産ある人
七、報酬に重きを置かざる人
八、町政上政党政派に超越し居る人

議員候補者として好まざる人

一、議員を利権の道具にする人

二、思想に変調ある人
三、党派に捉はれ正義を曲くる人
四、言行一致せざる人
五、公約を守らざる人
六、議員を職業的にする惧れある人
七、疑獄瀆職に関係ある人
八、金銭にて動かされ易き人

立候補者が確定しない時期に、このような形で立候補者に枠をはめる行為は、本来資格を満たしている者なら自由に立候補できるといったことに制限を与えることになるだろう。さらに政党に対する攻撃も読み取れよう。このパンフレットの重要性は、区長の全氏名をあえて掲載し、全町民を網羅する町内会連合組織ともいうべき「小田原町三六会」が「申合事項」という形で全町民に、政党色のない人物を町会へ送ることを訴えたことである。

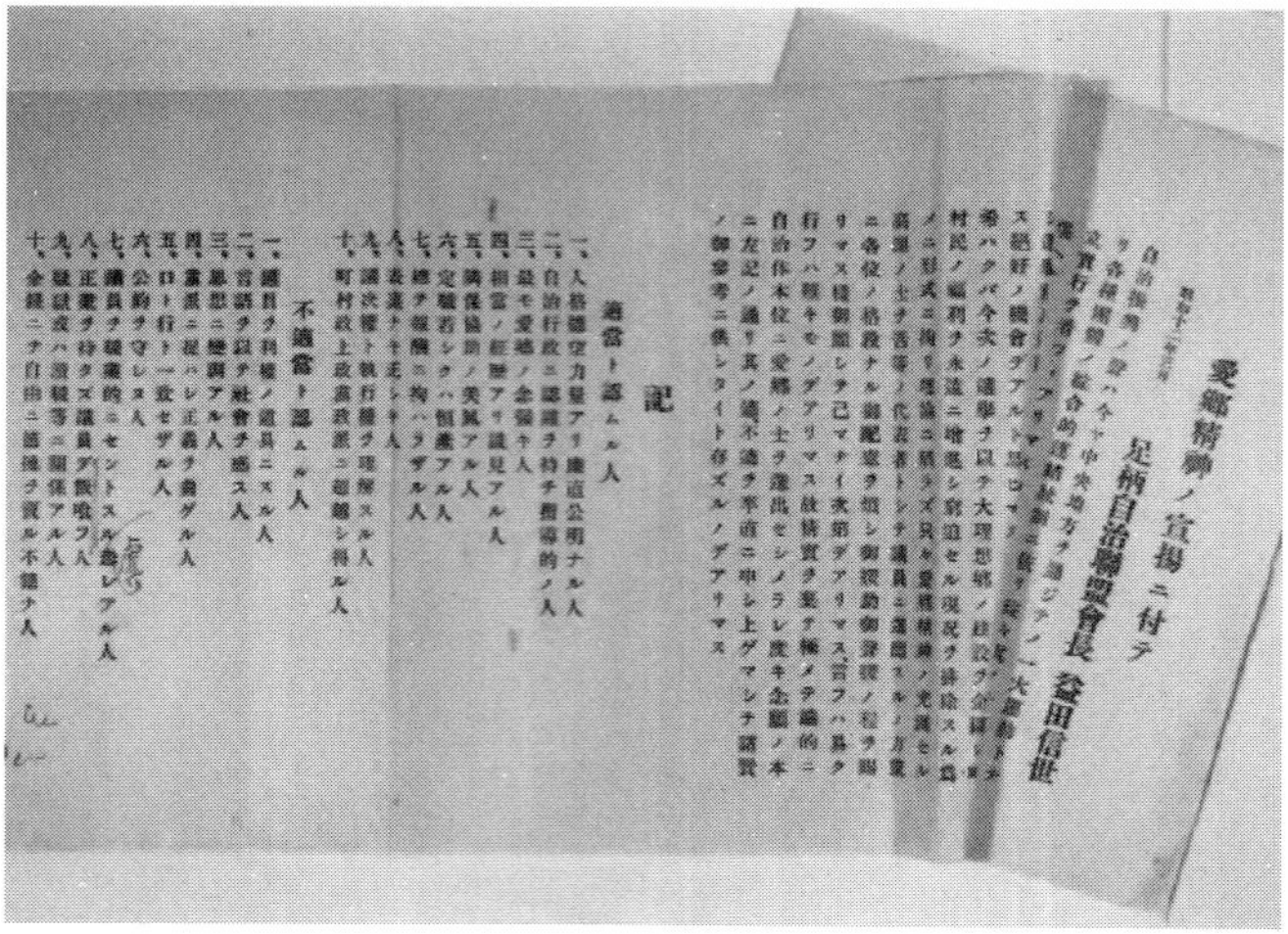

パンフレット「愛嬌精神ノ宣揚ニ付テ」

三月に入ると、足柄自治連盟は選挙粛正に向けて本格的に動き出す。三月五日には、益田会長名で「愛郷精神ノ宣揚ニ付テ」と題するパンフレットを配布し、小田原町三六会が示したのと同じように、議員の資質として「適当ト認ムル人」と「不適当ト認ムル人」のそれぞれ一〇項目を挙げている。

また、「愛郷粛選の標語」の募集を行い、集まった標語を立て看板に貼って町内各所に掲げた。さらに益田は「小田原町の現状に関心を抱き改選町会に人を得ると否とが小田原興亡の岐路」(『東海新報』三月一四日) と訴え、落選中の前代議士鈴木英雄をはじめ、町の有力者を訪問し、立候補を要請した。

四月に入ると、四月四日には足柄自治連盟主催で、選挙粛正中央連盟より講師を招いて「自治振興大講演会」を開いたり、四月一七日には県や小田原町と共催で「町のためになる話の夕」なる集会を開き、講演ならびに選挙粛正に関する映画「粛正万歳」を上映した。

四月二五日の投票日が近づくにつれ、『東海新報』は「連夜に亘って演説会が開催され、愛郷、選粛のポスター、立看板、ビラは巷に氾濫」(四月一八日) と、選挙戦を伝えている。

結局、定数三〇に対して、立候補したのは五二人である。足柄自治連盟が推薦した、いわゆる益田系の候補者は、益田本人が立候補し、現職二一人を含めて八人の立候補となった。

選挙結果

小田原町会議員選挙は最終的には定数三〇に対して五二人が立候補した。内訳は現職二四人、元職三人、新人二五である。

党派別立候補者数をみてみよう。政友会系と民政党系のそれぞれの会派が現状維持を見通した立候補者数をそろえたのに対し、益田が出馬要請した地域産業界からの代表が多く立候補したのが今回の特徴である。益田系と呼ぶことができる立候補者八人のうち六人が小田原振興会の役員である。

当選者数をみてみよう。内訳は現職一〇人、元職一人、新人一九人である。つまり新人が三分の二にせまるほど現職が苦戦し、新旧の交代が激しかったといえる。政友会系の現職一四人のうち九人が落選している。それに対し、益田系の八人全員が当選を果たし、特に益田は二位を大きく引き離してのトップ当選であり、一〇位までに益田系四人が入っている。

また社会大衆党は候補者を一人に絞ったにもかかわらず、当選ラインの八〇票に届いていない。このことは国レベルでの社会大衆党の躍進ほど、小田原町民にはその考えが浸透していなかったことを示している。

以上、選挙結果から益田を中心とする足柄自治連盟が進めてきた選挙粛正運動が一定の成果をあげたといえるだろう。そして、政友会系と民政党系のいわゆる党派の後退は、益田が一貫して主張してきた「会派解消」が有権者にある程度浸透してきた結果なのだと考えられる。

4　日中戦争勃発と小田原

国防献金運動

一九三七年七月七日に起きた蘆溝橋事件によって、日本はその後八年間にわたる中国との泥沼的な戦争にのめり込んでいく。いわゆる日中戦争である。蘆溝橋事件勃発と同時に、新聞を中心としたマスコミの戦争協力ははなはだしく、戦況記事だけでなく銃後の軍国美談を満載し、民衆の戦争支持熱をあおっていった。

小田原の地方新聞である『東海新報』（毎日発行の四頁の夕刊紙で、日付の前日に発行）も同じであった。『東海新報』に日中戦争関連の記事が紙上を賑わすのは、全国紙より六日遅い一五日付けの夕刊からである。翌日の七月一六日から八月初旬にかけて、国防献金についての記事が集中的に掲載されている。

七月一六日、一面トップ記事として「日支事変　感激明朗調　第一国民兵や隠居、警官、チップ貯金の女給も登場」とのタイトルで、蜜柑栽培業の隠居（73）が町役場を訪問して五百円を国防献金したことや、カフェーの女給（20）が　チップの一割を貯金しておいたのを貯金箱ごと小田原署に持っていったことなどを、具体的に住所・氏名を挙げて紹介している。

七月二〇日には二面の三段見出し「渦巻く国防献金　親日のトルコ人や、甲種合格お礼、小遣いを貯めた小学生等々」で、七例を紹介している。「親日のトルコ人」については次のように書かれている。

小田原町緑二洋服商トルコ人ポラギブ氏は十九日小田原署に五十円、同氏は以前ロシアにあったが、革命に追われ日本に亡命し子息は第二小学校に通学している親日家である。

七月二二日には、足柄下郡在住の在日朝鮮人団体が国防献金の呼びかけを始めたことが報じられた。

下郡在住半島人百五十名によって結成されている朝友会では、二十日夜小田原町新玉三丁目事務所に幹部会を開き、崖丙林氏他十二名が各方面を分担して国防献金をとりまとめることになった。

こうした国防献金キャンペーンを受けて小田原町当局は、在満在支兵軍事援護会を設立し、広く町民から募金を開始し、青年団、在郷軍人会、婦人団体が各家庭をまわって集めた結果、七月までのわずか一週間の第一次募集では基金四〇六〇円五六銭が集まった。

戦争の風景

日中全面戦争に至り、小田原町でも「戦争の風景」がいたるところで見られるようになった。箱根細工の丁稚奉公をしていた小長谷三郎（当時17歳）は三七年八月四日の日記に次のように記している。

第一小学校々庭で北支事変（日中戦争）関係のニュース映画があり、午後九時頃見に行った。見ている人達の様子にも熱気が感じられた。画面には、市街戦の実写、街を堂々行軍中の姿、さては野戦で突撃準備の兵士等々、僕等若人の血をわかすものであり、大いに感銘を深くした。帰る時、小田原駅の傍を通った時、折しも駅通過の軍用列車を送る万歳の大かん声を聞いた。戦いがだんだん身近かになった感じ。

日記で記しているように、新たな戦争勃発によって、小田原駅が兵士を送り出す別れの場として、「戦争の風景」の主役になっていった。兵士となった男たちを送るのは圧倒的に女たちであり、国防婦人会や愛国婦人会などが見送りの中心であったが、それとは別に勤労婦人の団体が見送りの列に加わるようになった。『東海新報』によれば、八月中に小田原町和洋料理飲食業組合の女給たちを会員とした「銃後奉仕会」や、富士箱根自動車従業員組合婦人部による「愛国勤労婦人会」が、白襷（たすき）で兵士を見送ることを目的に相次いで結成された。

また、戦火の拡大によって、小田原駅は別れの場だけでなく、戦死者を迎える場にもなっていった。小田原地方の初めての犠牲者として、七月二五日に戦死した南足柄村狩野出身の杉田均（22歳）の遺骨を載せた列車が、八月二〇日午前四時三五分に小田原駅に停車した。その日の『東海新報』はこの記事を一面トップで扱い、「遺骨を捧げた黒田准尉がプラットホームに降れば、出迎えた郷軍分会員、青年団、国防婦人会その他千余名は瞬間襟を正し首を垂れ感謝のすすり泣きも起るという劇的なシーンを見せた」と詳しく報道した。

さらに地元出身者の遺骨が載っていない列車の場合も出迎えに多くの町民が動員された。たとえば、八月二八日には、「遺骨列車　明朝　小田原停車各種団体多数が出迎え」との見出しで、停車時刻を知らせ、出迎えを勧めている。

町当局も、『東海新報』の論調に呼応するかのように、町会議員、区長、在郷軍人会、青年団、婦人団体に対して、東海道沿線住宅の常時日章旗掲揚を通告した。さらに、九月三日から七日までの四日間、駅前に大日章旗を掲揚し、駅前通りには「祝出征、祈武運長久」と書かれた横断幕を張った。

こうして地方新聞が民衆動員に大きな力を発揮し、町当局も戦争熱をあおり立てたことによって、地域が戦争一色に染まっていった。そして、ひとたび戦争が始まると、戦争反対の声はもちろんのこと、戦争に消極的な姿勢さえ許されず、「挙国一致」状況が短時間で作られていった。

5　銃後の軍人援護

軍人援護

日中戦争は軍部の思惑とは裏腹に長期化し、解決のめどさえつかぬほど泥沼化していった。戦地の兵士たちを物心両面で支える「銃後」と呼ばれた地域社会への上からの締めつけも、戦争の泥沼化と足並みをそろえるように強まっていった。

戦争勃発から一年余がたった三八年一〇月三日、「軍人援護ニ関スル勅語」が出された。

惟（おも）フニ戦局ノ拡大スル、或ハ戦ニ死シ、或ハ戦ニ傷キ、或ハ疫病ニ殪（たお）ルルモ亦少カラス、是レ朕（ちん）カ夙夜（しゅくや）惻怛（そくだつ）禁スル能ハサル所ナリ、宜シク力ヲ軍人援護ノ事ニ效（こう）シ、遺憾ナカシムヘシ

戦争勃発後、政府は「暴支（ぼうし）膺懲（ようちょう）」（暴れる中国［支那］をこらしめる）というう軍部作成のスローガンを用いて、この戦争が聖戦であるかのような宣伝に終始し、新聞においては全国紙のみならず地方新聞に至っても戦争熱をあおり続けた。しかし、中国軍の抵抗が強く戦闘による死傷者が続出した。全国どこでも遺骨の帰還や戦死者の葬儀の風景でみちあふれ、

兵士を出している留守家族には不安が生じた。こうした状況の中で天皇の言葉として出されたのが、「軍人援護ニ関スル勅語」であった。

この勅語を精神的拠り所として、官民一体となった銃後における軍人援護の運動が展開されていく。

政府においては、戦争勃発四ヶ月後の三七年一一月一日、内務省社会局に臨時軍事援護部が設置され、軍人援護の整備が着手されていく。臨時軍事援護部には、軍事扶助課と傷兵保護課の二課が置かれ、出征者の留守家族、戦没者の遺族、および傷痍軍人等の援護に当たった。その後、三八年一月に厚生省が新設されたのに伴い、臨時軍事援護部は同省の所管に移り、さらに厚生省の外局として存在していた傷兵保護院（三八年四月一八日新設）と三九年七月一五日に合併して軍事保護院が設置され、政府の軍人援護事業の全てを担うことになる。

こうした政府の動きに相まって、民間においては半官半民の協力組織が設立されていく。その中央組織としては軍人援護会がある。恩賜財団である軍人援護会は、勅語のすぐ後の三八年一一月に、皇族の朝香宮を総裁に迎えて設立された。各都道府県に支部をもち、さらにその下部組織として市町村ごとに銃後奉公会が作られていった。

小田原町銃後奉公会

小田原町銃後奉公会については、一九四〇年度の「歳入歳出予算」「会費持口数配当表」「事業計画案」の三つの資料が残っている。これらの資料から小田原町銃後奉公会の組織や活動について考えてみよう。

会長は他地域と同じように町長（新開渧観）が務めている。年間予算は一万二四〇〇円である。同時期の小学校教員の初任給が五〇〜六〇円であるから、この金額は現在の価値に換算したなら、約五〇〇〇万円くらいだろうか。

歳入のほとんどは会員による会費である。世帯主すべてが自動的に会員となっており、一口六〇銭の会費を、区（町内会）世帯主数と町税納付額から各区に口数を割り振っている。当時の区を基盤とした共同体意識からすれば、こうした割り当てによる強制的な会費納入に対しては、困った同じ町民を助けるといった気持ちから、当然のこととして受けとめたのであろう。たとえ疑問に思ったとしても、異議を唱えることは不可能であったろう。

歳出のほとんどは援護費という遺家族への生活援助と、戦死者への弔慰金、戦傷病者への見舞金に使われている。つまり町民一軒一軒から徴収された会費が、町内の兵士を出している家庭に生活援助として現金で配布されていた様子が浮かびあがってくる。

銃後奉公会の活動

活動計画は「其ノ都度行フベキ事業」「毎月行フベキ事業」「機会ヲ得テ行フベキ事業」「各月中行フベキ事業」の四つに分けて立案されている。

「其ノ都度行フベキ事業」では第一に出征や帰郷の際の歓送迎があげられている。出征の折には餞別が、戦死として遺骨帰還の場合には供物と弔慰金が送られる。また、軍人本人だけでなく、遺家族に対しても不慮の災害を受けたり死去したりした場合は銃後奉公会が対応した。

さらに、犒軍（こうぐん）（飲食物を贈って将兵の労苦をいたわること）と称する、駅での軍用列車に対する慰安接待についても活動の一つとしてあげられている。

「毎月行フベキ事業」は遺家族等への生活援助金の支給であり、「機会ヲ得テ行フベキ事業」は、優良銃後奉公会への視察や、戦傷病軍人への見舞い等があげられている。

「各月中行フベキ事業」である戦没軍人遺家族への弔問・墓参は、役員が地区ごとに分かれて遺家族宅を訪問したことを新聞記事が伝えている。

また、小田原町出身兵士への慰問状発送も銃後奉公会の活動の一つであった。三九年一〇月の「銃後後援強調週間」に小田原町軍友会が戦地から慰問状お礼に寄せられた書簡を載せて発行した『銃後後援の響き』に掲載されたものを紹介してみよう。

此の聖戦下に於て私不肖の身をもちまして働く事の出来るのも、御一同の御陰と思ひ深く

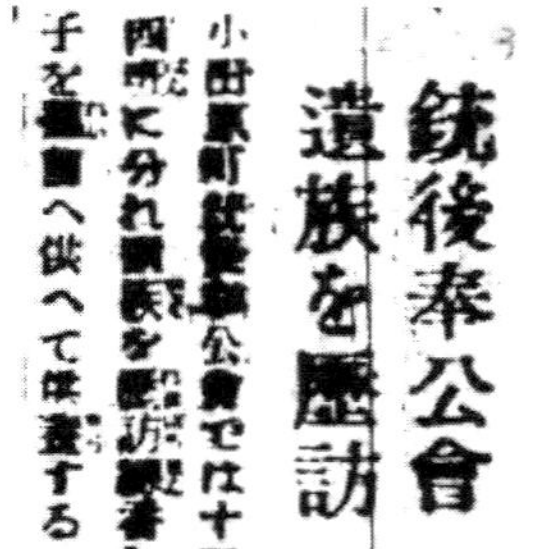
銃後奉公會
遺族を歴訪
小田原町銃後奉公會では十三日
四班に分れ遺族を歴訪[illegible]と菓
子を靈前へ供へて供養する

1940年7月13日付の「横浜貿易新聞」の記事

深く感謝して居ます。何もかも打忘れ不退転の意気にて、小田原町出身者と致しまして微力ながら働く覚悟で居ります故どうか御安心下さい。在郷にあられ多忙な折、一私の如き者にまでも丁寧な激励文まで頂きなんと申してよいのやら身に余る光栄に私は感謝して居る次第です。又町の銃後の諸私設、銃後奉公会の結成の御模様など御知らせ下され、唯々有難く拝見致しました。

検閲を受けての建前の書簡ではあっても、銃後に残した家族の身を心配する上で、銃後奉公会の結成が兵士たちの安心材料の一つになったことは確かであろう。

軍人遺家族や帰還軍人への援助は、援助される数が少なければ充分な援助活動は可能なものの、数が多くなってくると無理が生じてくる。銃後奉公会が発足した時期の援助する側と援助される側の比率を見てみると、多少比較する時期がずれるが、小田原町の総戸数五五四七戸（三九年九月一五日現在）に対して、出征中が四八三名、戦傷入院中が一〇名、戦死者が三四名、計五二七名（四〇年三月二八日現在）である。つまり、おおよそ一〇軒で一軒の遺家族を援助することである。この比率でさえ無理があると思われ、これ以降、急激に出征者が増えていく中で、銃後奉公会の活動が行き詰まっていったのではないだろうか。

時期は大分先になるが、四四年に小田原市（四一年に市に昇格）が配布した隣組回報に、一〇月三日から六日間実施する軍人援護強化運動の取組へのお願いが掲載されている。実施事項として

「戦捷（せんしょう）（勝）祈願」「慰問文発送」「戦没者墓碑参拝」の三点が挙げられている。しかし、なんら具体的な指示がなく、「右三項ハ町内会ニ於テ適当ニ指示シ之ガ徹底ヲ計ルコト」と記されているだけである。極端なことを言えば、実施しなくても良いと解釈でき、前述した活動の行き詰まりを示す例であるともいえよう。

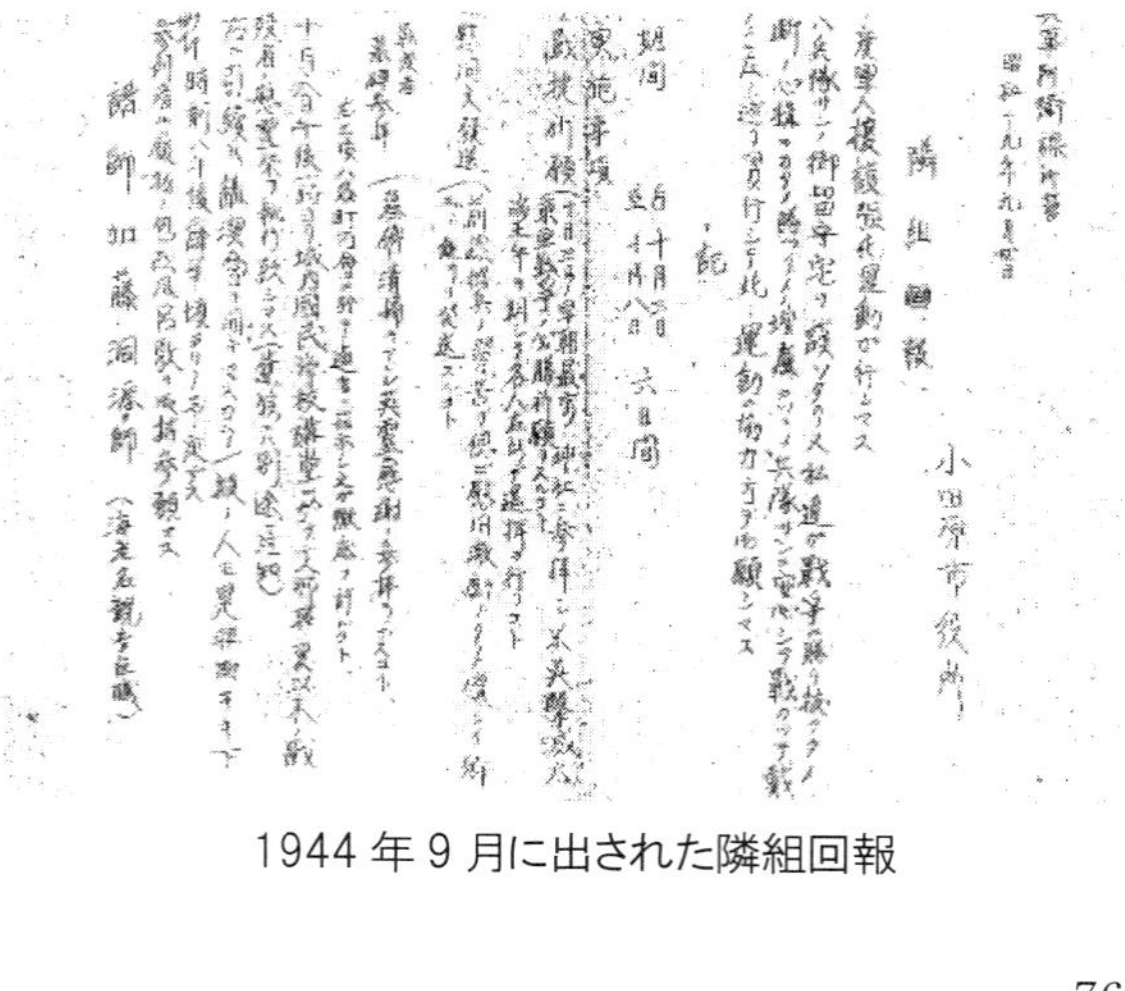
隣組回報
小田原市役所

1944年9月に出された隣組回報

6　「英霊」の帰還

兵士の見送り

一九三七（昭和一二）年七月七日、日中戦争が勃発すると全国で召集令状が配られ空前の動員が行われた。九月一日には、甲府連隊で戦時編制された部隊への召集によって神奈川県内から約二〇〇〇人の在郷軍人が地元の人々から見送られ、連隊司令部が置かれていた山梨県甲府市へと向かっていった。

見送りの場となった駅では多くの出征兵士の見送りで混乱したことがうかがえる。九月一一日付けで、国府津駅長は神奈川県市町村長会長宛の通知を出している。国府津駅は小田原地方では当時、小田原駅に次ぐ主要駅である。通知では「甲府連隊は当県下入営主部隊に有之（これあり）、近時多数召集され」「家族の面会夥（おびただ）しく、時に依ってはそれすら全部の入場は狭隘（きょうあい）（狭くて窮屈）なるホームに収容不可能の状態に有之、増（ママ）してや一般歓送者の入場は堅く御断り申さねばならぬ事」を伝え、ホームに入場できる者として「出征軍人一名に対し家族三名の割合」「付添として一町村二名」を許可し、しかもそれらの者に対して市町村で証明書を持たせるよう依頼している。こうした通知は、いかに多くの在郷軍人が出征していったかを物語っている。

戦死から遺骨帰還まで

郷土で多くの方から見送られた兵士は、戦時であれば戦場で死と隣り合わせの日々を送ることを強いられた。いつ終わるとも知れない泥沼化した日中戦争で、多くの若者が二度と故国の土を踏むことができなかった。

戦場で戦死し、故郷へ遺骨が帰還するまでの流れについて確認しておこう。富山県庄下村の兵事係の証言をまとめた『村と戦争～兵事係の証言～』（一九八八年）から、簡単にその流れを紹介しておく。

①戦死
②正式の広報が出される一ヶ月前に、所属の連隊長から村長宛に郵便で「戦死者ニ関スル件通知」を発送
③村長名で戦死者の戸主に同様のものを内報で知らせる
④連隊長から村長宛に「戦死ノ件報告」
⑤戸籍から抹消
⑥連隊から村長宛に遺骨の帰還日が知らされる
⑦連隊で行われる遺骨伝達式に、村の兵事係が遺族を連れて遺骨を受け取りに行く
⑧遺骨の村への帰還日時を回覧板で村民に伝える
⑨最寄りの駅多くの村民が参列して遺骨を迎える

庄下村での一連の流れが他の場合にすべて当てはまるとはいえないが、大きな特徴は軍の対応先が遺族ではなく兵士を送り出した村であったことだろう。

ただ、遺骨が帰還するということを改めて考えてみれば、遺骨の帰還は戦闘で勝利した場合であり、戦況が優位の段階だからこそ遺体の収容が可能であったわけである。したがって戦況が不

利になるアジア太平洋戦争期になれば、戦闘で遺骨を収拾する余裕はなくなっていく。

筆者の母方の伯父・鳥海冨士太郎は四二年に開成町から出征し、四五年二月にニューギニアで二三歳の若さで戦死している。送られてきた桐の箱を開けた祖母・鳥海ノブ（冨士太郎の母親）は「あけてみたら、しらっ紙。なんにもへえっちゃいねえ。毛ひとっぱへえっちゃいねえ。なさけねえ」と、遺骨が戻ってこなかったことを語ってくれたことがある。（『焦げたはし箱』一九九二年）

また、海軍は原則として艦上で水葬とすることにより、遺骨はそもそもなく、その代わりに乗船する前に残しておいた遺留品が遺品として送られてきたという。

1986 年に聞き取りした折、息子の戦死の話で思わず涙ぐむ祖母・鳥海ノブ（当時 92 歳）

足柄村の遺骨謹迎（きんげい）

筆者の手元に「足柄村遺骨謹迎式順序　昭和十三年二月」という文書がある。「謹迎」とは最近はあまり使われないが、字の如く、「つつしんでむかえる」意味である。足柄村が戦死者の遺骨を迎える式を実施する上での手順を示したものである。

当時の足柄村は現在の小田原市の北西に位置する。一九〇八（明治四一）年に芦子《あしこ》村・久野《くの》村・二川《ふたがわ》村・富水《とみず》村が一つにまとまって足柄村が生まれ、四〇（昭和一五）年二月一一日より町制を施行し、同年一二月二〇日に小田原市と合併した。

文書の送付者は足柄村村長の府川庄次郎。小田原市と合併後に市議会議員となり、初代の市議会議長を務めた人物である。送付先は、「各村会議員　各区長　足柄小学校長　青年会長　実科高女学校員　軍人分会役員　国防婦人会　戦友会　方面委員　土木造林組合会議員　青年後援会長　寺院団住職　消防組部長　駐在所」である。

「実科高女学校」の正式名称は、足柄村立足柄実科高等女学校。通常の高等女学校が、尋常小学校を卒業して入学し修業年数が四か年であるのに対し、実科高女は高等小学校（二か年）を卒業して入学し、修業年数が三か年で、高女より一か年多く修業する。小田原町にある県立小田原高等女学校に生徒を奪われ、当時は志願者が減少して苦境に陥っていた。小田原市への合併後は小田原市立高等女学校となる。また、足柄実科高女の日中戦争勃発後の時局に対する教育方策の一つとして、「出征軍人ニ対シテ慰問文発送、慰問袋発送、千人針、出征者見送リ、英霊謹迎、帰還勇士御迎へ、戦死者葬儀参列、同墓参」を挙げている。

「軍人分会」は帝国在郷軍人会足柄村分会。「国防婦人会」は大日本国防婦人会足柄村分会で、この通知が出される半年前の三七年八月三〇日に発会式が行われている。「方面委員」は現在の民生委員である。一八年の米騒動を契機に大坂で発足し、二八年までに全道府県に設置され、兵士の遺族・家族の生活救護も主要な業務とした。送付先として挙げられた団体は、村の全組織であるといってよいだろう。

送付文の表題は「遺骨謹迎ニ関スル件」となっており、本文を挙げてみよう。

今回ノ支那事変ニ際シ出征、上海ニ於テ名誉ノ戦死セラレタル本村左記ノ者、遺骨ハ来ル二月二十六日午後六時六分小田原駅着、同駅同長隣室ヲ借用遺骨ヲ安置シ、本村寺院団ノ読経終了後、各自宅ニ向フ事ニ決定致候間、同日同駅迄、別紙遺骨謹迎者列図ノ通、駅広場ニ集合シ謹迎相成様致度、此段及御通知候也

戦死した二人

戦死者は「足柄村井細田　歩兵伍長　金子益三」と「足柄村中島　歩兵上等兵　和田高次」の二人である。二人については『小田原市遺族会三十周年記念誌』（一九七七年）で確認でき、金子益三は三七年一〇月一四日に、和田高次は同年一〇月五日に、二人とも中国・上海で戦死している。

金子益三の場合は、八年後の四五年三月五日に息子も戦死しており、金子の遺族となる妻は夫と息子を失ったことになる。金子益三と和田高次の年齢については確認できないが、金子益三は八年後に息子が戦死していることを考えると、かなりの年齢で召集令状を受け取ったものと思われる。

二人が戦死した三七年一〇月頃の上海の状況について簡単に触れておこう。同年七月七日の蘆溝橋事件による華北の戦闘で始まった日中戦争は、華中の上海へも拡大していった。当時、上海は中国最大の工業都市で抗日民族運動の盛んな地域であり、日本海軍が常駐して日本の権益を守っていた。華北での戦闘によって上海では緊張が高まり、海軍から陸軍へ兵力派遣の要求がなされ、八月一三日、日本政府は上海への陸軍派遣を決定した。同日、日中両軍は交戦状態となり、激しく抵抗した中国軍の前に日本軍は苦戦を余儀なくされた。八月に陸軍が到着してから三か月たらずの間に、上海方面だけで戦死傷者が四万人をこえる損害を出した。その中に足柄村から出征した二人がいた。

二人が所属した部隊は第百一師団の歩兵第百四十九連隊だと考えられる。歩兵第百四十九連隊はいわゆる、山梨県と神奈川県を徴募区とする甲府連隊の一つで、三七年九月に戦時編制となり、すぐに上海派遣軍（松井石根大将）に編入され、上海戦線に赴いた部隊である。連隊長は津田辰参大佐で、津田部隊とも呼ばれる。将校のほとんどは予備・後備役で、約三〇〇〇人の下士官や兵隊も召集兵で家族持ちが多かった。山梨・神奈川両県の出身比率は一対二で神奈川県出身者が多かった。

三七年九月一日、二人をはじめ山梨・神奈川両県の多くの在郷軍人たちへ召集令状（赤紙）が配布され、同月四日に甲府連隊へ入隊が命じられた。約一〇日程を甲府の駐屯地で過ごし、同月一六日に甲府駅から特別列車で出発、東京経由で横浜を通って神戸へ向かった。中央本線を使わずに、あえて遠回りをして東京・横浜経由にしたのは、皇居の近くや出身県の神奈川を意識的に通ったのかもしれない。翌々日、神戸から輸送船で上海に上陸した。上陸と同時に上海戦へ組み入れられた。

歩兵第百四十九連隊は上海戦のあとは、南京攻略部隊を側面から援護するため揚子江沿いに進み、南京陥落後は徐州作戦（三八年五月）、武漢攻略作戦（三八年八月～一〇月）などに参戦し、三九年一一月に日本へ帰還した。

遺骨の帰還

戦死した二人の遺骨の帰還について、前掲の足柄村役場から出された通知から確認すると、

①遺骨は三八年二月二六日午後六時六分に小田原駅に到着

②駅長室の隣部屋に遺骨を安置

③足柄村寺院団住職による読経終了後、別々に行列をしてそれぞれの戦死者の自宅へ

行列をして遺骨は戦死者の自宅へ届けられた
（『写真集　小田原の昭和史』）

自宅への行列については、「遺骨謹迎後自宅へ進発ノ際ニ於ケル行列順序表」が通知に添付されており、遺骨に付き添って歩く村の団体組織の並び順が決められていた。先頭は在郷軍人会の二名が務め、その後に青年学校、小学校、女学校の生徒たちが続き、国防婦人会、消防組、在郷軍人会、村会議員、寺院団。その後に在郷軍人に守られて遺骨が続き、遺族、村長、一般者が後尾を務めた。

戦死した二人の遺族宅は、金子家が足柄村井細田（現、小田原市扇町）、和田家が足柄村中島（現、小田原市寿町）である。小田原駅から直線距離にして、井細田が一・五キロメートル、中島が〇・七〜八キロメートルである。行列がどの程度の速さでなされたかはわからないが、吊旗、遺骨、花輪などを持ってであれば、ゆっくりのペースで行進がなされたわけで、井細田なら一時間、中島なら三〇分くらいかかったのではないだろうか。

小田原市全体の戦死者は、『小田原市遺族会　三十周年記念誌』によれば、明治時代以降、二四一六人である。そのほとんどは、満州事変、日中戦争、アジア太平洋戦争と足かけ一五年にわたって続けられた、いわゆる十五年戦争期の戦没者である。

7　戦時下の提灯行列

提灯行列

八六頁の写真は一九三七（昭和一二）年一二月一三日に南京陥落を祝って提灯行列を行った際の小田原町での様子を写したものである。高く掲げられた長い竹竿に吊るされた提灯からは、日の丸と「祝」の文字が人々の笑顔とともにローソクの灯りによって浮き上がっている。人々の後ろには巨大な提灯や、明かりで彩られた祝勝門、垂れ幕などがある。

提灯行列とは、祝意を表すために、夜間、大勢の人が提灯を持ち列を組んでねり歩くことである。昼間に日の丸を持って行進したのは旗行列と呼ばれた。提灯行列の起源は、一八八九（明治二二）年二月一日の大日本帝国憲法発布を祝って、東京大学の教職員がたいまつを掲げて宮城前広場まで市中を行進したことが始まりであるという。木造家屋の多い日本の都市ではたいまつは火災の危険を伴うことから提灯行列という様式が考案され、定着するようになったと言われている（平凡社『日本史大事典』）。

祝勝門の左側の柱に書かれた「箱根登山鉄道株式会社」の文字と鉄道員らしい服装から、この写真に写っている人たちは箱根登山鉄道に勤め、会社組織で提灯行列に参加したものと考えられる。

南京陥落とは、三七年一二月一日に始まった日本陸軍の中支那方面軍による中国の首都・南京を攻略する作戦で、同月一三日に南京を占領したことを指している。南京への進撃の過程または占領にあたって、いわゆる南京大虐殺が起きている。一般市民に対する殺害や、婦女暴行・放火・略奪などが無秩序で行われ、多数の捕虜が殺害された事件である。しかし、そのことが明らかになるのは戦後の極東国際軍事裁判、いわゆる東京裁判においてであり、南京陥落を祝って提灯行列に参加した人々には知る由もなかった。

南京陥落祝賀提灯行列

南京陥落を祝っての小田原町民による提灯行列は、町民を動員し計画的に行われたものである。その計画書に当たる「南京陥落祝賀提灯行列要項」が残っており、その「要項」から提灯行列の全体像を見ていくことにしよう。

挙行期日について、要項では「南京陥落当日但時間ニ依リ翌日トスルコトアルベシ」としている。実際、南京を占領した三七年一二月一三日に提灯行列が行われたため、当

南京陥落を祝って行われた小田原町の提灯行列後の写真

日になったが、「当日」そのものの日にちが示されていないのは、この要項が南京陥落を想定して事前に書かれたことを意味している。

集合時刻は午後五時。出発時刻は午後五時三〇分である。一二月一三日の小田原の日没時刻は午後四時三二分であり、集合の時点では薄暗く、出発時では真っ暗で提灯の灯りが目立つ状況であった。集合時刻と出発時刻には一発ずつ花火が打ち上げられた。集合場所はお堀端付近で、出発時には参加者全員で「大元帥陛下万歳」を三唱した。大元帥陛下とは昭和天皇のことである。

提灯行列が通過する沿道の家屋には次のような指示が出されていた。

一、当日ハ毎戸ニ国旗掲揚ノコト
一、夜間ハ可成《なるべく》奉祝提灯ヲ掲出スルコト
一、紅白張幕、広告灯、万灯《よろずとう》、花飾、祝勝門等ヲ慫慂《しょうよう》（すすめる）スルコト
一、出征兵標旗《ひょうき》（目印の旗）ヲ各戸前に掲出セシムルコト
　但、行列通過沿道ニ非《あら》ザル出征兵家族ハ近接セル通過沿道ニ標旗ヲ掲示シ居ラルルコト

このようにコース沿道の家々に国旗や提灯を掲げさせ、かつ兵士を出している家にはそのこと

を示す旗（出征兵標旗）を出させるなど、提灯を持って行進する人々の高揚する気持ちをさらに鼓舞する仕掛けをしている。また、コース以外の出征兵留守宅にまでも標旗の掲示を命じていることに、参加者に出征兵士への感謝の念を抱かせる当局の意図を読み取ることができる。さらに、先の写真の人々の背後に見える巨大な提灯の広告灯や祝勝門は、この要項に書かれた指示によって設置されたものであることがわかる。

参加者については、「全町ヲ二組ニ分（カ）チ東組、西組トス」と記されている。当時の小田原は、現在の市街地を中心に町制が敷かれており、三八年度版の『町勢要覧』によれば、戸数五五四六、人口二万七二五七人である。全町民を参加対象とし、町内に三六ある区（町内会）を東西の二地区に分けて、二通りのコースを設定している。

記載されている参加者は、「東組指揮官　小峯徳治氏」「西組指揮官　渡邊清太郎氏」と、東組には第三小学校（現、新玉小学校）音楽隊、西組には第一小学校（現、三の丸小学校）音楽隊と私立小田原商業学校（現、県立小田原総合ビジネス高等学校）音楽隊が挙げられている。さらに、「名誉職ハ其ノ区ノ属スル組（隣組）ノ先頭ニ参加スルコト」と記している。

要項の最後には、東西それぞれの行列行進順路として道路名、地名、建物などが詳しく記されている。それによれば、東組はお堀の学橋（まなびばし）あたりに整列し、小田原城址（当時は御用邸が置かれていた）の東側の市街地、現在の地名で言えば栄町を行進し、終着地は小田原駅前広場である。西組は小田原商業学校（現在の小田原スポーツ会館の場所にあった）あたりに整列し、小田原城址の西側から南側の市街地、現在の南町、本町、浜町の海岸に隣接する地区を行進し、最後は東組と小田原駅前広場で合流した。詳細に示された順路を当時の地図で追っていくと、市街地の多くの道路を行進するように計画され、参加者が自分たちの居住区を行進できるようになっていた。

漢口（かんこう）**陥落祝賀提灯行列**

三八年六月、大本営は戦争終結に持ち込むことをねらって武漢攻略作戦の実施を決定し、八月から作戦を発動させた。揚子江に漢水が合流する地点に川を隔てて向かい合う武昌・漢口・漢陽の三都市は武漢三鎮と呼ばれ、南京攻略後には国民政府の主要機関が一時集まっていたこともあり揚子江中流の中心地である。

武漢攻略作戦は日中戦争全面化以来、最大規模の兵力を動員する作戦であり、国民政府軍の主力が集まっている武漢三鎮を占領することで、大本営は戦争を終結できるかもしれないという期待をもっていた。

八月二二日、大本営は中支那派遣軍に対し漢口附近の要地攻略を命じて武漢攻略作戦を始めさせた。中国軍の激しい抵抗とマラリアの多発のために多くの戦死者を出したものの、激戦の末一〇月二六日に漢口を占領した。

一〇月二七日午後六時半、大本営陸軍部発表として漢口陥落がラジオや号外等で国民に伝えられた。翌二八日には全国各地で漢口陥落を祝って神社参拝が行われ、各家に国旗が掲げられた。夜には提灯行列が挙行された。

小田原町に隣接する大窪（おおくぼ）村（現、小田原市板橋（いたばし）・風祭（かざまつり）・入生田（いりうだ）地区）でも漢口陥落を祝って提灯行列が行われた。漢口陥落が発表された当日、一〇月二七日付けで大窪村長は、村議会議員・各区長・各種団体役員へ宛てた通知「漢口陥落ニ際シ国民的諸行事実施ノ件」を出している。この通知は大本営陸軍部発表の前にあわただしく出され、通知の右上に「至急」のゴム印が押されている。この通知から大窪村の漢口陥落祝賀の様子を見ることができる。通知には、国旗掲揚、神社参拝、提灯行列の三点の実施が書かれている。

国旗掲揚については、漢口陥落の公報が発表されると同時に掲揚することを呼びかけ、公報発表をサイレンや警鐘で知らせることが記されている。さらに、サイレンは「一分間連続吹鳴」、警鐘は「一点ト二点班打」というように、それぞれの鳴らし方まで載せている。

神社参拝については、「陥落ノ当日又ハ翌日早朝、村民各自神社参拝シ、皇軍将士ヘノ感謝及長期建設ニ対処スル決意ノ神前宣誓ヲナスコト」と、実施日や参拝内容に至るまで指示している。ただし「長期建設」が具体的に何を示しているのかは定かではない。

提灯行列の実施については全文を紹介してみよう。

イ、十月二十八日午後六時三十分、小学校集合（午後七時出発）、但シ、期日変更ノ場合ハ更

（ママ）（改）メテ通知シ尚当日雨天ノ際ハ順延トス
ロ、提灯ハ各自随意ノモノヲ用ヒ各戸一燈以上トシ、ローソク携行ノコト
ハ、順路
　往路　小学校　国道東進　見付　下河原　早川口　軽便会社　居神々社前　板橋旧道
　　風祭旧道　入生田旧道　湯本町境
　帰路　新国道東進　役場前　解散
　　但シ、各区毎ニ一団トナリ行進シ、帰路ハ入生田、風祭ハ各字堺迄トシ随時解散、
ニ、出征勇士家庭ハ必ズ長旗一本ヲ入口ニ立テラレ度、尚沿道以外ノ家庭ハ近クノ沿道迄之
　ヲ出シ立テラレ度、

一〇月二八日の日没の時刻は午後四時五四分であり、出発時刻の午後六時には真っ暗であった。ローソクで明かりを灯す提灯は雨天ではどうしようもなく、順延でも仕方がないのだろう。出発場所が小学校となっている理由は、集合場所として運動場が活用されたものと考えられる。小学校とは大窪村立大窪尋常高等小学校である。

順序は、小学校を出発してから国道を通って一旦は小田原方面に向かい、居神神社前で旧道に入り、板橋、風祭、入生田と大窪村の住宅地を行進し、隣接する湯本町との堺まで行って戻ってくるコースである。

また、行進する村民に出征兵士を出している家を知らしめるため、長旗を留守宅に立てさせ、出征兵士への感謝の気持ちを高めさせる工夫をしている。この点は南京陥落時に行われた提灯行列と同じである。行進時に出征兵士宅を参加者に知らしめ、兵士への感謝の念を抱かせようと意図したことがうかがえる。

シンガポール陥落祝賀旗行列

アメリカとイギリスに宣戦布告をもって始められたアジア太平洋戦争は、四一年一二月八日のハワイ真珠湾奇襲攻撃と同時に、イギリス領マレー半島のコタバルへの敵前上陸によって火ぶたがきられた。

日本軍の南方作戦は、まずマレー半島とフィリピンを制圧した。東西から挟み撃ちするようにボルネオ、セレベス、スマトラの各島を攻略し、最後にジャワ島を占領するという計画のもとに進められた。こうした大本営の目的を達成するためには、マレー半島最南端に位置する都市、つまりイギリスにとって東アジアにおける植民地支配の拠点であったシンガポールを攻略し占領することが不可欠であった。そのためのコタバルへの上陸であった。

第二五軍（司令官・山下泰文中将）所属の第一八師団は、コタバル上陸後にマレー半島東海岸を南下し、第五師団はマレー半島タイ領へ上陸して西海岸を南下し、それぞれシンガポールへ向かった。翌四二年二月八日、タイを経由してきた近衛師団が合流し、第二五軍は一斉にシンガポールへの上陸作戦を開始し、二月一五日イギリス軍は降伏し、シンガポールを占領した。

二日後、シンガポール島は「昭南島（しょうなんとう）」と命名された。歴史教科書や歴史書などにたびたび掲載される絵画「山下・パーシバル両司令官会見図」は、従軍画家・宮本三郎が、日本軍のシンガポール占領の承認をイギリス軍司令官パーシバル中将に迫る山下将軍を描いたものである。日本軍が国民の志気を高めるために画家に描かせたものだが、この絵画はシンガポール占領を国民に印象づけるために多くの日本人の目に触れることになる。

四二年二月一五日付けの神奈川新聞は「六万市民の慶祝　小田原の陥落祝賀準備」との見出しで、シンガポールが陥落し入城式が挙行された場合、「戸毎に日章旗を掲揚せしめ、当日は各区長は区民を引率して氏神へ参拝戦勝報告と感謝祈願をなす」とし、「騎馬の益田市長を先頭に箱根口より東海道を小田原駅へ大旗行進に移る」ことを報じている。

旗を持ってシンガポール陥落を祝う宝安寺託児所の園児たち

二月一六日、益田信世小田原市長は、各種団体長と各会社工場長宛に「戦捷（せんしょう）祝賀式挙行ノ件」の通知を出して、二月一八日に実施する戦勝祝賀会と、式後の旗行列への参加を呼びかけた。通知では、実施の理由を「シンガポール陥落入城式当日ヲ期シ大東亜戦争開戦以来ノ皇軍ノ威武赫々（かくかく）タル戦果ヲ祝スル為メ」としている。

当日の集合を午前九時五〇分までとし、式場は小田原市立本町（ほんちょう）国民学校（現三の丸小学校）の校庭である。雨天の場合は同校講堂とし、「雨天ノ際ハ各団体五十名以内参加ノコト」としている。

二頁目には式次第が次のように記されている。

戦捷奉祝式次第（二月十八日）

集合午前九時五十分

一、開式之辞

一、国歌斉唱

一、宮城遥拝

一、詔書奉読

一、市内各神社遥拝

一、祈念

一、式辞
一、聖壽（せいじゅ）万歳
一、閉式之辞
　引続キ大行進開始

「詔書奉読」の「詔書」とは、アジア太平洋戦争の始まりとなった四一年一二月八日に出され、正午のラジオで放送された宣戦の詔書のことである。詔書は八〇〇字以上の長文で、全文を読んだとしたら、ある程度の時間を要したことだろう。また、「聖壽万歳」の「聖壽」は天子の年齢を意味し、天皇の長寿を願うということから派生して「天皇陛下万歳」と同意語である。

提灯行列の役割

小田原で実施された三回の提灯行列や旗行列について、それぞれの実施要項等の史料に基づいて見てきたが、それらはかなり綿密に練られたものであることがわかる。

三回とも日本軍の都市攻略の陥落直後に実施されている。都市陥落をラジオや新聞等で知らせ、戦勝気分に酔いしれる国民をさらに戦意昂揚させることになったことは間違いないだろう。

さらに行進コースの途中に出征兵士宅を参加者に知らしめる主催者の計画は、敵地の都市陥落を実行した軍隊への感謝の念を抱かせるとともに、銃後の一体感を高める効果を生じさせたに違いない。

小学生から年寄りまで強制的に動員して行われた提灯行列や旗行列は、地域のまとまりを高めるきっかけとなり、銃後の人々の戦争への不満を包み隠し、国家に協力しようとする気持ちを確認させる場となったと言えるのではないだろうか。

第三章　アジア太平洋戦争と小田原地方

１　小田原の防空訓練

日本における防空訓練

防空訓練とは「空襲を受けた場合の被害を最小限にくいとめることを目的とした訓練」（吉川弘文館『国史大辞典』）である。防空訓練には、陸海軍が飛行機や高射砲を使用して行う「軍防空」と、爆弾の投下によって生ずる被害をできるだけ防止かつ軽減するために国民が行う「国民防空」の二つがあり、ここで取り上げる防空訓練は後者である。

また、防空訓練に三七年一〇月に施行された防空法で「防空訓練」という用語が用いられるまでは「防空演習」と呼ばれていた。軍以外の者が行う「国民防空」の訓練に、軍の訓練を意味する

「演習」という言葉を用いるのは適当でないと考えられたためだと言われている。

日本における最初の防空訓練は、一九二八（昭和三）年七月に行われた大阪防空演習である。陸軍第四師団を中心に、在郷軍人会、青年団、警察、消防隊などが参加して、灯火管制を中心に訓練が行われた。大阪防空演習に続いて、翌二九年七月に名古屋防空演習、同年一一月に水戸防空演習が行われた。

こうした軍主導の防空訓練を経て、三三年に東京で「国民防空」を担う団体として防護団の組織化が進められた。防護団の結成は三七年の日中戦争勃発を契機に全国で進められ、全国各地で防護団が中心となった防空訓練が行われた。さらに三七年四月に成立した防空法によって、防空訓練に法的根拠が与えられた。

防護団主体の防空訓練になるにつれ、訓練内容が灯火管制や情報伝達に加えて、市民による焼夷弾に対する消火訓練に比重が変わっていった。こうしたことから家庭消防組織の必要性が叫ばれ、三七年五月に東京において、個々の家庭で防空に取り組むことを方針に「家庭防火群」の考えが取り入れられ、五戸から二〇戸のブロックをもって「防火群」が設けられた。その後「防火群」は四〇年九月の町内会・隣組の設備へとつながっていく。

小田原の防空訓練

四一年一〇月に小田原市内で実施された防空訓練を撮影した「映像」が小田原市立図書館に残

っている。四一年一〇月といえば真珠湾攻撃で始まる日米開戦の二か月前である。「映像」は一三分間の無声映像で、小田原市警防団第五分団が行った防空訓練である。防毒マスクを付けてのガス弾処理訓練や、消防ポンプ車が出動する大がかりなもので、訓練に参加している人たちのきびきびした動きが伝わってくる。

新聞記事で確認できる小田原の防空訓練は三七年から登場する。同年九月一七日から三日間、関東一府六県で行われたもので、一週間前には六〇〇余名の防護団員を動員して予行演習が行われた。

三八年一一月二六日から三日間行われた防空訓練では小田原町役場前に本部が置かれ、模擬爆弾が用いられた。三九年七月二〇日から二日間にわたって行われた防空訓練では、小学生による少年防火団や小田原高等女学校生徒が参加した。また「全町各防火群は一斉に練習を始めモンペ部隊の意気を挙げた」（「横浜貿易新報」三九年七月二〇日）と新聞が伝えているように、多くの女性が動員されたことがわかる。

四〇年一〇月に行われた防空訓練は、「昭和十五年度三次東部防空訓練小田原町実施要綱」の表題が付けられた一六頁の冊子（筆者所有）から内容がわかる。目的として「指導者階級ノ防空能力ノ向上、防空認識ノ徹底」が挙げられ、主な内容は、警戒警報・空襲警報やその解除の伝達、灯火管制、家庭防火群・警防団の消火訓練などであった。訓練の内容を示したものであると同時に、実際の空襲時の細かな対応策が記されている。たとえば、「老幼者」「傷病者」等の避難命令の仕方や、交通制限の方法などが決められている。また、町内にあった皇族の閑院宮別邸の警護を町長が警察署長と協議して行うなどが記されている。

　四〇年一〇月の防空訓練はこのように大がかりなものであったが、新聞紙上には実施の記事が載っておらず、いささか不思議である。「実施要綱」に「訓練関係者ハ言動ニ注意スルト共ニ調査報告ノ書類ハ之ヲ秘密扱トシ一般ニ公表セザルモノトス」と書かれていたことがその理由かもしれない。さらに「重点ヲ置クモノ」として「精神訓練ノ徹底」が挙げられており、防空訓練で国民に求められたのが、まさに「精神訓練」であったことがわかる。

　小田原市（四〇年一二月二〇日に市政を施行）は、四一年九月二五日付の「小田原市報」で「組防空群の心得」と題して事細かに心得を強い口調で述べている。その中の「一般の心得」では、「空襲の際焼夷弾攻撃に依って起る火災は同時に多発の特異性があるから、木造家

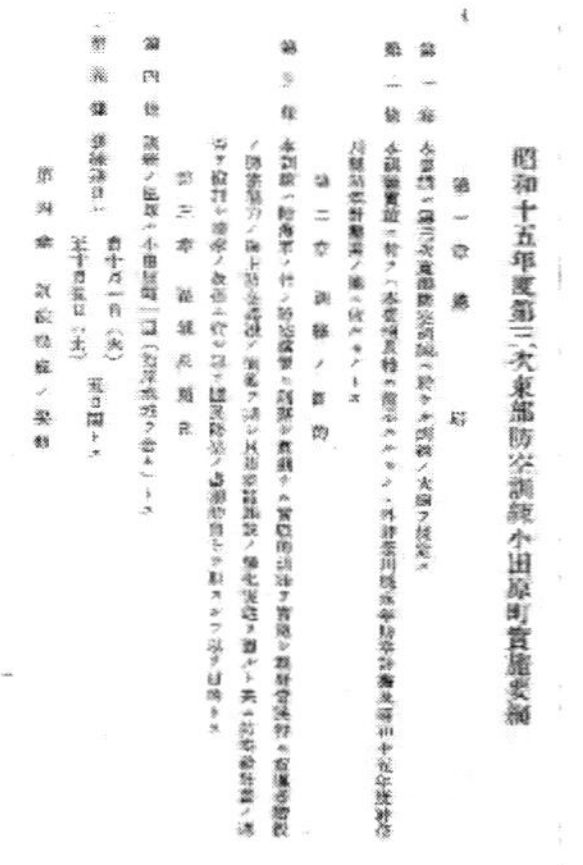
昭和十五年度第三次東部防空訓練小田原町實施要綱

第一章　總則

第二章　訓練ノ目的

第三章

屋の密集した我国都市に於ては特に『防火第一主義』を徹底することが肝要である」と、焼夷弾空襲が同時多発的な火災を発生させる可能性を指摘している。にもかかわらず、前掲の「映像」では一発の焼夷弾を消す訓練が行われ、同時多発的に落下してくる焼夷弾対応への訓練を見出すことはできない。

小田原空襲での消火対応

小田原市は四五年八月一五日、つまり敗戦の日の午前一時から二時頃の間で、Ｂ29一機による空襲を受けた。いわゆる小田原空襲である（井上弘『小田原空襲』を参照）。この空襲によって浜町一丁目・同三丁目、本町一丁目・同三丁目の約四〇〇軒が焼失し、一二名が亡くなっている。

小田原空襲において、それまでに頻繁に実施してきた防空訓練が果たして役立ったのだろうか。そもそも防空訓練は、空襲があるとの危険を知らせる警戒警報が発令されたことを人々が知ってから始める訓練である。小田原空襲では警戒警報も空襲警報も発令されずに、深夜の就寝中に突如照明弾が炸裂し、焼夷弾が投下された。したがって、空襲のスタート時点から防空訓練で培った組織的な消火活動は不可能であった。

「映像」での焼夷弾の消火活動を見ると、落ちてきた一発の焼夷弾をいかに組織的に大勢の者で消火するかが示されている。ところが、実際の小田原空襲では多数の焼夷弾が同時にばらまかれ、結果的に約四〇〇軒の住宅が焼失した。このことだけ考えても、空襲時での消火活動が訓練通りにはできなかったことを物語っている。

小田原空襲を体験した一丁田自治会の人たちは、九八年に開かれた「一丁田空襲体験を語り合う集い」の座談会で、次のように証言をしている。

○瓦屋根を突き抜けたと思ったら途端にパーッと燃え出したので、びっくりして直ぐ子供をおぶって飛び出しました。（須山スズ・当時30歳）

○焼夷弾に直撃された家は一瞬のうちに火が広がったから、とても消火の余裕なんてなかったよ。（相原俊夫・当時13歳）

○一か所か二か所の出火ならともかく、夜中の瞬時の一斉出火では無理だったでしょうね。（松井繁・当時14歳）

○一丁田の人は逃げるだけで精一杯で、バケツリレーの訓練なんて役に立たなかったけ

小田原空襲の被災写真（清水修一郎さん提供）

ど、延焼したところの高梨町や宮小路の一部ではバケツリレーの効果もあったようですよ。
（中野トミエ・当時27歳）

これらの証言からも、実際の空襲下での住民による消火活動は訓練通りにはいかなかったことは明白である。Ｂ29一機だけでも訓練通りにいかなかったのであるから、想像を絶する焼夷弾が投弾された東京大空襲や横浜大空襲のような数百機の編隊を組んでの計画的な空襲では、それまでの防空訓練の経験はほとんど役に立たなかったといえよう。

２　小田原市国民義勇隊の結成

小田原地方の本土決戦

戦争末期、アメリカ軍は日本本土への侵攻作戦を計画していた。侵攻作戦は二つの作戦に分けられており、一つは上陸開始日が一九四五年一一月一日に予定されていた九州地方への侵攻作戦である「オリンピック作戦」、もう一つは四六年三月一日に予定されていた関東地方への侵攻作戦の「コロネット作戦」である。

この二つの日本本土への侵攻作戦は、幸いにも実行される前に日本の敗戦となったために幻に終わった作戦となった。しかしながら、日本軍は四五年四月に、アメリカ軍の本土上陸攻撃をこの年の秋に想定し、大本営はアメリカ軍を迎え撃つ本土決戦作戦である「決号作戦」を発令した。「決号作戦」を前に、国内の軍事体制の編成替えが行われ、本土防衛作戦に専念する方面軍が新たに設けられた。「決号作戦」構想に基づく陸軍の総兵力は三一五万人にのぼり、まさに総力を挙げた態勢であった。「決号作戦」は作戦区域として本土（朝鮮を含む）を七区（①千島・北海道②東北地方③関東地方④東海地方⑤中部地方⑥関西地方以西⑦朝鮮）に分けた。首都を含む関東地方の防衛作戦（「決三号作戦」）は最重点地区とされ、田中静壹陸軍大将を司令官とする第十二方面軍があたった。

「決三号作戦」のもと、神奈川県と富士川以東の静岡県を担当したのは赤柴八重蔵中将を司令官とした第五三軍であり、足柄平野には兵庫県姫路から第八四師団（司令官・佐久間為人中将）が進駐した。

足柄平野を主とする、いわゆる小田原地方の本土決戦の詳細については、陣地などへの実地調査や関係者からの聞き取りなどを踏まえ、関連資料を駆使してまとめ上げた香川芳文『小田原地方の本土決戦』（二〇〇八年）を参照されたい。ここでは小田原地方に駐留した部隊がどこに配置され、どのように駐留したのかを押さえておこう。

第八四師団は通称を突（とつ）部隊と言い、三個の歩兵連隊を主力とした師団である。「歩兵」は字の如く、銃剣付きの小銃と手榴弾を身につけて歩いて移動する部隊で、「連隊」の人員はおよそ三〇〇〇～四〇〇〇人である。また、「歩兵連隊」は同県出身者で編成され、より郷土色が強く、団結力があったと言われている。

　歩兵第一九九連隊（姫路の部隊）が真鶴、湯河原、石垣山から小田原西部丘陵地に、歩兵第二〇〇連隊（鳥取の部隊）が国府津から北側に大井まで続く丘陵地に、歩兵第二〇一連隊（岡山の部隊）が二宮・松田地域に、それぞれ部隊を配置し陣地を構築した。つまり、足柄平野の三方の丘陵地にそれぞれの連隊を配置し、海から上陸してくる

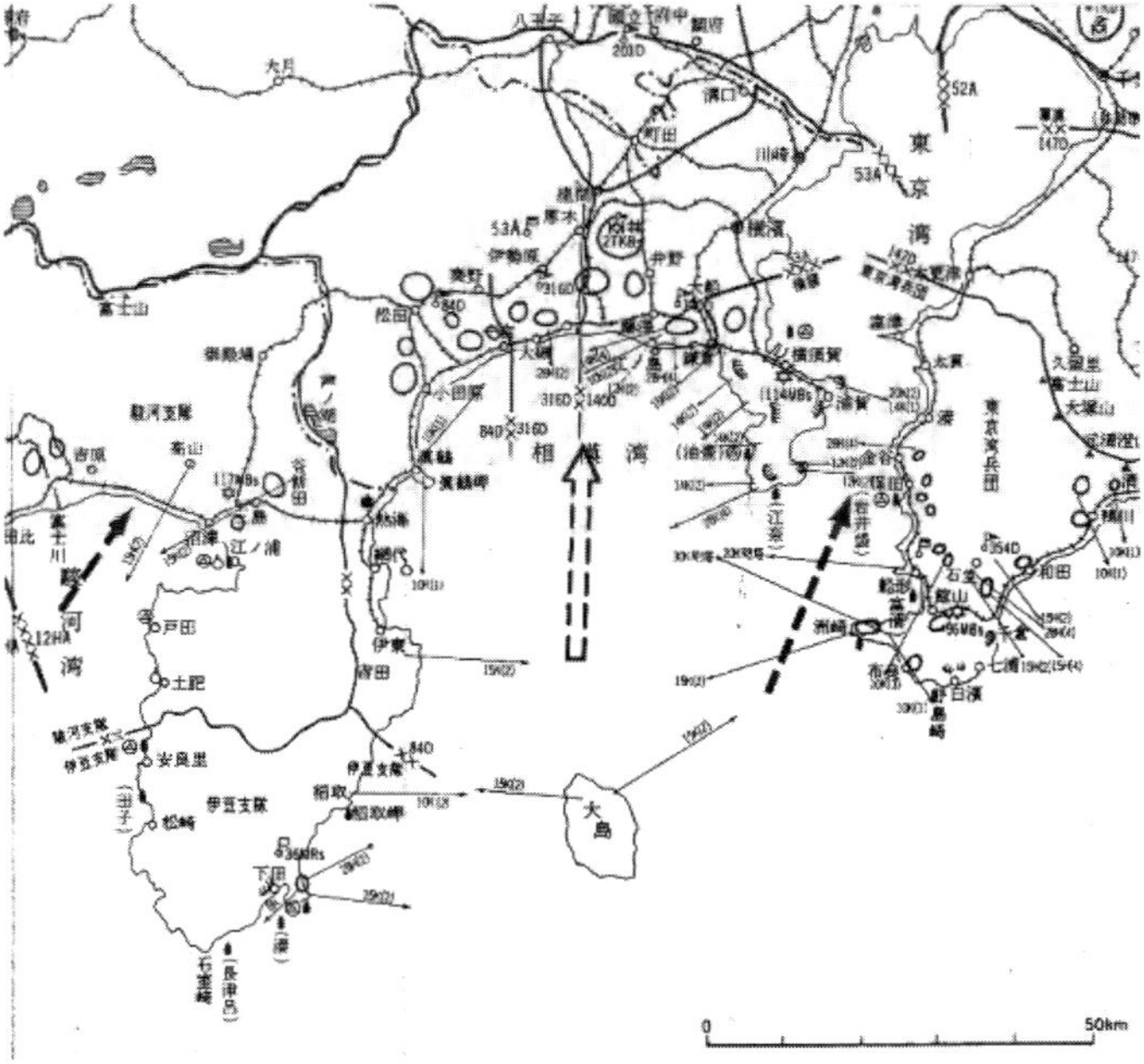

日本軍の敗戦時の部隊配置（防衛研修所戦史室『本土決戦準備 1』付図 2）

アメリカ軍を三方から迎え撃つ作戦である。
制海権や制空権を失っていた状況では、海岸線から離れた後退配備で、空爆や艦砲射撃に耐えられる地下式陣地の構築に取りかかったのは当然であった。それぞれの連隊が丘陵地に造った陣地跡を現在でも足柄平野を取り囲む丘陵地に探すことができる。

ところが、こうした後退配備で上陸してくるアメリカ軍を撃退する作戦は、六月後半頃から海上および海岸で敵を討つ水際作戦へと変更された。赤柴司令官の水際陣地の構築に重点を置く作戦変更があったことと、大本営上層部の作戦変更によるものである。

多くの人員を要した連隊はどのような組織になっていたのだろうか。筆者の手元に四四年七月二〇日調べの「歩兵二〇〇連隊　将校職員表」がある。それによれば、歩兵第二〇〇連隊は三つの中隊を配下に置く連隊本部と、三つの大隊からなっている。それぞれの大隊には大隊本部の他に四つの中隊があり、それぞれの中隊には三〜四の小隊が置かれている。陸軍では中隊が一番小さな戦闘単位であり、一〇〇〜二〇〇人からなる中隊単位で行動することが一般的である。したがって、第二〇〇連隊には一五の中隊があり、一五の部隊が駐

小田原市板橋の松永記念館裏にある本土決戦部隊が掘った陣地跡

留したことを意味する。つまり、小田原地方には一万人近い将兵が、本土決戦に備えて四月から八月までの約五か月間、駐留していた。大隊や中隊の各部隊は国民学校や寺院を本部とし、将校は別荘や民家の空き部屋に宿泊した。一般の兵士は陣地構築の現場近くに野営することもあったが、多くは農家の倉庫や地区の集会場などに駐留した。

國民義勇隊發足へ

郷土防衛と戰力増強へ鐵壁陣

準備委員

縣國民義勇隊組織要綱

1945年5月8日付「神奈川新聞」

国民義勇隊の創設

軍人たちが本土決戦に備えて日本各地で陣地構築などに励んでいた同時期に、一般国民を本土決戦態勢に組み込む準備が進められていた。すべての国民を軍隊的編成に組織しようとして打ち出した国民義勇隊の創設である。

東条英機内閣瓦解の後をうけて、「戦争完遂」「国難突破」などのスローガンを国民に訴えて成立した小磯国昭内閣は、四五年三月二三日に国民義勇隊を結成する方針を閣議決定した。四月一三日には「状勢急迫セル場合ニ応ズル国民戦闘組織ニ関スル件」を閣議決定し、本土決戦の場合には国民義勇隊を戦闘組織に編成し、軍の指揮下に入れることを打ち出した。このように国民すべてを戦闘組織に編入するため、六月九日から開会された第八七臨時議会に義勇兵役法を提出し可決させた。六月二三日に公布された義勇兵役法は一五歳以上六〇歳までの男子、一七歳以上四〇歳までの女子が義勇兵役に服することを定めたものであった。

さらに義勇兵役法を受けて、六月二六日に軍令として国民義勇戦闘隊統率令が制定され、戦闘隊の組織が定められた。これらの法令によって、政府・軍部は銃後の国民を合法的に前線へと動員し、戦闘に参加させる態勢を確立した。もし、本土決戦が行われたなら、駐留していた軍人たちとともに地域住民も戦闘に参加し、沖縄戦と同じような状況が各地で生じたに違いないだろう。

小田原市国民義勇隊

小田原市における国民義勇隊結成の動きは意外に早く、閣議で組織・運営の方針が決定された直後の四月下旬、隣組長を集めての各町内会常会で伝達事項の一つに取り上げられ、目的や構成員などが示された。

五月一二日、市当局は全市内の町内会長を集めて、結成に向けての打ち合わせを行った。県の「要綱」で町内会を国民義勇隊の最小単位とすることになっていたことから、町内会長を集めたのであった。その場で小田原市の「国民義勇隊ノ組織ニ関スル要綱」が示され、それに基づいて「小田原市国民義勇隊々則」が作られることになる。

筆者の手元には「隊則」と「小田原市国民義勇隊役員名簿」の二つの資料が残っているが、ここでは、その資料から読みとれるポイントを紹介してみよう。

「隊則」の第二条で目的が次のように示されている。

本隊ハ現下皇国ノ興廃ヲ賭スル重大危局ニ際シ全市民ヲ挙ケテ戦列ニ参加シ当面セル生産及皇土防衛ノ一体的飛躍増強ヲ図ルト共ニ事態急迫ノ場合ハ直チニ武器ヲ執リテ決起スルノ態勢ニ転移シ一致団結相率イテ国難ニ殉シ以テ皇国護持ノ大任ヲ完フスルヲ以テ目的トス

簡単に要約すれば、「武器をとって戦列に参加して皇国のために戦え」ということだろう。第三条では具体的な業務が挙げられ、その一つに「陣地構築、兵器弾薬糧秣ノ補給等陸海軍部隊ノ作戦行動ニ対スル補助」が記されている。つまり、地域に駐留している本土決戦部隊の陣地構築作業を手伝い、アメリカ軍が上陸した場合には駐留部隊の後方支援を行えということであろう。そのことは、本土決戦の戦闘に巻き込まれることを意味した。

「名簿」には、幹部、中隊長、小隊長の氏名・年齢・公職が一覧で示されている。隊長は鈴木英雄・小田原市長である。副隊長は飯田眞吉・帝国在郷軍人会小田原市連合分会長と、佐藤謙吉・小田原市会議長の二人である。その他、顧問や幕僚に警察、警防団、婦人会、翼賛会などの代表が名前を連ねている。一三の中隊は、在郷軍人会の分会区域がそのまま中隊区域になっている。七一ある小隊は、町内会の区域と一致しており、小隊長はその約六割が町内会長もしくはその代理者が就任した。つまり、町内会組織をそのまま小隊に移行したにすぎない。隊員は市内に居住する国民学校初等科修了以上で六五歳以下の男子、四五歳以下の女子であり、まさに根こそぎ動員である。

六月一〇日に結成された小田原市国民義勇隊は敗戦までの二か月間、どのような活動をしたのであろうか。町内会組織がそのまま国民義勇隊の小隊に編成されたことから、町内会組織の連絡手段を使って個々の隊員に出動要請をしたのではないかと考える。しかし町内会常会で配布された資料からは、一回の出動要請の他は全く国民義勇隊関連の内容を見つけだすことができなかった。

つまり、結成後二か月で敗戦になったことから、実質的に活動がなされなかったのではないだろうか。逆に敗戦がずっと先になり、アメリカ軍の本土上陸が行われていたら、国民義勇隊の参戦となり、沖縄のような地上戦となり、想像を絶するような地域住民の犠牲が生じたことは疑いの余地がない。

3　戦争末期の市民生活

戦争末期の小田原地方

一九四五（昭和二〇）年になると、米軍による本格的な日本本土空襲によって、地域は戦時体制を支える銃後としてのそれまでの役割だけでは許されず、米軍と対峙する役割を負わされ、非戦闘員である地域住民は戦場にいるかのように上空から命を狙われる状況となった。

また小田原地方は上陸する米軍を迎え撃つ本土決戦場として想定され、四月以降、陣地構築をする部隊が駐留し、地域の中で戦闘準備をする将兵の姿を見ることが日常化し、戦場の様相を呈するようになっていく。

空襲については、二月中旬以降、小田原地方上空を米軍小型機が飛び回り、七月からは毎日のように軍需工場や駅舎などが機銃掃射を受け、市民に多数の犠牲者が出ている。また、敗戦当日の八月一五日には小田原市街地に戦略爆撃機Ｂ29による焼夷弾空襲が行われ、一二名の死者を出し、四〇〇軒近くの家屋が焼失した。

小田原地方への空襲

小田原市立大窪小学校の学校日誌から作成された「昭和二十年警報発令状況」（『小田原近代教

育史　資料編第五巻』）を見ると、警戒警報と空襲警報の発令及び解除された日時が記されており、一月以降、警戒警報はほぼ毎日のように出されている。また、空襲があるとの危険を知らせる空襲警報は四月以降多くなり、七月後半からは連日発令されている。

小田原地方の上空を米軍小型機が初めて飛びまわったのは二月一六日と一七日である。この両日は、米軍が艦載機によって関東各地を攻撃した日であり、「昭和二十年警報発令状況」で見ると、一六日に空襲警報が四回、一七日に三回発令されている。直接的な被害はなかったものの、小田原地方の人々がこの二日間を緊張と恐怖で過ごしたことは容易に想像できる。

この二日間の空襲は、二月一九日から始まる米軍による硫黄島への上陸作戦の前に、日本本土の飛行場を攻撃して航空戦力に打撃を与えることをねらったものであり、三〇〇機余りの艦載機が関東各地を飛び回り、飛行機関連の軍需工場などを攻撃した。

小田原地方での空襲による死者等の人的被害は七月以降だが、小田原地方は関東への米軍B29による焼夷空襲を行う場合の進入及び退路経路にあたることから、頻繁に空襲警報が発令され、空高くB29が編隊を組んで通過する光景が日常化する。足柄下郡岩村（現、真鶴町岩）の国民学校六年生であった遠藤倫弘は、四月二四日の日記に次のように綴っている（『戦争と民衆』第50号）。

早く学校へ行った。そして、机のふたをなおしていると、すぐ耳元で「サイレン」が鳴りひびいた。情報を聞きに帰ると「八丈島付近を北上する敵機あり」、直ちに帰宅した。それからさんざんだった。時の情報は、「敵の第一へん隊約二十機は伊豆半島にしんにゅうせり」と、いうのだった。するとたちまち空襲の「サイレン」が鳴った。その内、浦辺先生も来られた。敵はそののち、京浜西南方にしんにゅうしたが敵の機影は一つも見えなかった。かいじょされて学校へ行くと三時間目が始まっていた。終りまで十・二十分自習し、四時間目は国史をやった。

本土決戦部隊の駐留

四月からは小田原地方に本土決戦部隊の駐留が始まり、いたるところで日本軍将兵を見ることになった。

米軍の関東地方への上陸作戦、いわゆるコロネット作戦では上陸地として相模湾が考えられていた。迎え撃つ日本軍の決号作戦においては、千葉県の九十九里海岸を第一に、二次的に相模湾を想定していた。

相模湾への防衛には第五三軍が担当し、足柄平野にはその配下の第八四師団が配置された。第八四師団は静岡県の富士川以東から神奈川県の二宮・中井までを担当した。

師団司令部は小田原市の城内国民学校に置かれ（七月中旬に松田町の松田国民学校に移動）、酒匂川の西側には歩兵一九九連隊（姫路）、東側には歩兵二〇〇連隊（鳥取）が駐留した。さらに、戦車攻撃を専門とする速射砲隊が秦野に、火砲を担当する野砲兵第八四連隊、兵站業務を担当する輜重兵第八四連隊、中戦車を装備した独立戦車第二旅団戦車第二連隊などが配置された。七月以降には、沼津から移動してきた歩兵第二〇一連隊（岡山）が松田・二宮方面に駐留した。

正確な数はわからないが、一万人近くの日本軍将兵が小田原地方に駐留したのではないかと考えられる。まさに陸軍将兵の姿が見られる風景が日常化し、市民は地域が戦場となったかのような錯覚にとらわれたに違いない。

四月から六月までは、酒匂川河口の海岸より上陸する米軍を攻撃する火砲を設置するため、足柄平野を囲む丘陵地の地形を利用した陣地構築の作業が進められた。七月からは、水際で敵を迎え撃つ作戦に計画が変更されたことから、海岸線の陣地構築に作業の中心が移っていった。

陣地構築については兵士だけでは足りず、地元の中学生や一般市民が動員された。小田原市早川の石垣山の陣地構築に駆り出された山崎忠蔵（当時二〇代半ば）は、その時のことを思い出して次のように述べている（『市民が語る小田原地方の戦争』）。

早川の駅の裏にお観音さん（早川観音）がありますよね、あそこの道から上の山へ上がっていったことは覚えています。上がっていった所に手巻きのウィンチと、一五センチ榴弾砲（りゅうだんほう）じゃないかな、道路にころがっていました。我々は早川に来た目的がわからないでしょ、こんな旧式な大砲をどうすんだなと思いました。そしたら陸軍の方が来て、あなたちの部落の方はここからあそこまで一五メートル位、みかん畑の段々畑になっている所を平らにしろっていうんですよ。石垣を崩して、これはえらいこんだなと思いました。石垣は石は小さいから壊すのはできるけど、四～五段あるでしょ、大変だと思いました。これを壊したら帰っていいと言われました。

食糧問題

食糧問題は、食糧不足からくる配給の問題と同時に農村での労働力不足の問題でもあった。この時期になると多くの青年たちは兵士として根こそぎ動員され、工場をはじめあらゆる産業の現場では深刻な労働力不足に悩まされていた。農村においても働き手の二〇代、三〇代の男たちがいなくなり、中学生たちの援農動員による援助はあったものの、作物の出荷量は減少せざるを得なかった。

こうした農村地区の労働力不足対策として小田原市当局が打ち出したのが援農親交組と呼ばれる制度である。労働力が欲しい農村地区の農事実行組合が町内の非農家からの援農要員を受け入れると同時に、市街地の町内会とペアを組んで、他町内会から労働力を供給してもらうシステムである。

援農親交組の例を挙げてみよう。一一四戸の農家で成り立っている北窪（きたくぼ）農事実行組合（五一区町内会）は、自分の町内の非農家は一六戸である。親交組町内会としては市街地の一二区町内会が該当である。一二区町内会には非農家が一八一戸あり、自町内会の非農家一六戸を合わせて一九七の援農戸数が、二四戸の農家へ労働協力することになる。

また、「小田原市援農親交組実施要綱」によると、援農に対する謝礼については「出勤ハ原則トシテ無償奉仕トスルモ、請入側ノ自発的謝礼ノ表明ハ妨ゲザルモノトス」と、建前では無償奉仕としているが、実質的には賃金支払いを認めている。さらに「統制食糧品ハ謝礼用ニ使用セザルコト」と付け加えている。ただ親交組の実施は四四年九月一日からとなっていたが、機能したのかどうかはよくわかっていない。

町内会長を集めて行われた四五年二月の市常会で、鈴木英雄市長は挨拶の中で「配給物資さへも入手難になると覚悟してほしい。衣料切符が出るか出ないかよりも、逆に供出を願ふかも知れぬ。一切の日常生活を決戦色にかへて、国家に奉仕することを願ふ」と述べた。

食糧問題への対応として配給制が導入されたことはよく知られているが、配給制だけでは市民に充分な食糧を供給することはできず、闇での売買が横行していく。市当局は市民に自給生活を勧めていくことになる。同年五月の市常会に資料として出されたものに小田原市役所経済課作成の「山菜野草をお奨めするについて」があり、その中で食糧問題についての現状認識を次のように述べている。

容易ならない戦局の段階に突入致しまして、これ以上、労力、輸送、肥料、種子、農具の供給を希望することは極めて無理となりました。農家の方々は昨年は凡ゆる悪条件を克服して割当てられた計画作付を敢行、血の出るような努力を重ねられましたが、旱魃（かんばつ）、冷害等のため良い結果を得たとは申せませんでした。また市としても市民の御台所を心配して色々方法を講じて参りましたが、これも到底、御満足を得ることは困難でした。

市が講じてきた「色々方法」とは、空き地や庭を利用しての野菜作りを奨励し、そのための各種の手引書を町内会を通して配布してきたことを指しているが、今後は野草を食糧として活用していこうとの勧めである。また、「増産の妨げ、供出の妨げとなる農家の庭先を訪ねることは止めて、凡そ食べられるものは何でも工夫を凝らして蔬菜の代替に有難くいただこうではありませんか」と、農家への買い出しを戒めている。さらに、文末には具体的に野草を一四種類取り上げ、その食用部位と食べ方をていねいに解説し、九冊の野草食関係図書目録まで載せている。

戦争末期の食糧問題がいかに深刻であったか容易に想像ができよう。市民は米軍の空からの攻撃にさらされながら、空腹に耐え、毎日の食糧確保のために励まざるを得なかったのである。

敗戦

今まで見てきたように、食糧事情悪化が深刻化してきた戦争末期、配給による生活や、日常的に行われる供出によって、市民生活には閉塞感が漂っていた。その上に、食糧等の現地調達を余儀なくされた本土決戦部隊への動員を含めた協力が、市民に拒否できない役割として負わされた。

また、様々な取組の中で、町内会長や隣組長の権限が強まり、細部にわたって地域リーダーとしての彼らの住民に対する監視機能が高まり、窮屈な生活を強いられた。

そして、八月一五日、深夜一時から二時頃にかけて小田原市民はB29による空襲を受け、中心部の約四〇〇軒が焼失し、一二人の死者を出す、いわゆる小田原空襲を体験した。正午に煙がくすぶる中で、ラジオから流れる玉音放送を聞き、日本の敗戦を知ることになった。

第四章　戦争の掘り起こし

1　小田原空襲説明板の設置

小田原空襲説明板

小田原市本町の、国道一号線から少し入ったところに地上九階建ての高齢者専用賃貸マンション「プラージュ古清水（こしみず）」がある。その建物入口の右正面に小田原空襲説明板が設置されている。

説明板は縦七〇センチ、横一メートルのアルミ板で、「８月15日の小田原空襲」のタイトルが付けられ、説明文・被災写真・被災地図が載せられている。それらの下に、設置日の「二〇〇七（平成一九）年八月一五日」と、設置者の「戦時下の小田原地方を記録する会」と「古清水旅館

館主　清水伊十良」が記されている。また、説明板の下には、小田原空襲の資料も展示されている「プラージュ古清水」の二階にある私設資料館「小田原宿脇本陣古清水旅館」の案内板が添えられている。

もともと、この説明板は二〇〇七年八月に同地にあった古清水旅館の駐車場に設置されたものを、古清水旅館の廃業にともなって、館主の清水伊十良（いじゅうろう）さん（二〇一四年に逝去）と息子の修一郎さん親子の熱い思いで、二〇一〇年四月に移設したものである。

小田原空襲説明板

小田原空襲

説明板で示された小田原空襲とは、敗戦当日の一九四五（昭和二〇）年八月一五日未明に行われ

たアメリカ軍のＢ29による空襲である。ただし、計画された空襲ではなく、埼玉県熊谷市と群馬県伊勢崎市への空襲を行った内の一機が、帰路に小田原上空で市街地に焼夷弾を投弾したのであり、このことから熊谷・伊勢崎空襲の巻き添えになったと考えられる。

なぜ、計画になかった空襲が行われたのであろうか。攻撃機の大半は投弾して爆弾倉を空にして帰還するが、中には投弾の機会を失って爆弾の積み荷を残してしまう機もあった。積み荷を残した機は、帰還して基地に着陸する時の危険を回避するために、帰路に爆弾を投棄することがあるという。小田原の場合は、この投棄による空襲であったと考えるのが妥当である。

計画された熊谷・伊勢崎空襲はアメリカ軍の記録に残っているが、小田原空襲は記録に全く残っていない。体験者の日記などの記録や、後の証言から、空襲を実行したＢ29は一機だけだと考えられる。この一機によって一二人が亡くなり、約四〇〇軒が焼失した。

空襲による焼失地区は、現在の浜町一・二丁目、本町二・三丁目にまたがる場所であり、その中にはいわゆる宮小路と呼ばれる繁華街が含まれる。

被災した古清水旅館

古清水旅館は江戸時代には脇本陣を務めた老舗の旅館である。二〇一〇年四月に高齢者専用賃貸マンションに建て替えられるまで、同地で旅館を営んでいた。

敗戦の日、小田原空襲で古清水旅館は全焼した。その時の館主は、伊十良さんの父・専吉郎さんであり、伊十良さんは一九四二年九月に出征し、陸軍経理将校としてニューギニアにいた。

古清水旅館には、小田原空襲で全焼した同旅館を写した二枚の写真（102頁と下段）が残っている。小田原空襲の被災状況を写した唯一の写真である。撮影日ははっきりしていないが、空襲から数日がたった頃に撮ったのだろうと思われる。伊十良さんの話だと、専吉郎さんが「自分は丸裸になってしまったけれど、二度とない場面だから、これを撮っててくれ」と、宮小路の写真館・つばめ屋を呼んで写真を撮らせたそうである。

焼け残った旅館の建物の写真には人物が八人写っており、一階の四人と二階右の三人はカメラに向かって整列し、あたかも被災建物を背景に記念撮影のような感じである。一階の四人は、右端が当時の女将・清水しげさん、左端が専吉郎

古清水旅館の被災写真（清水修一郎さん提供）

さん、真ん中の二人が従業員である。二階に並んだ三人は、左から出入りの畳屋職人、同じく職人、従業員の娘である。

また、古清水旅館の庭には、被災時に植えられていた樹木が、焼けた痕跡を幹に刻んだまま数本が生き残っていた。さらに焼け残った建物の部分をそのまま使って建て直したため、「廊下に残る焦げ跡」を見ることができた。これらはまさに小田原空襲を語り続けた証人であった。

「廊下に残る焦げ跡」や被災写真など小田原空襲に関する資料は、「プラージュ古清水」の二階に設置された資料館で見ることができる。

戦争遺跡フィールドワーク

筆者が事務局を務める「戦時下の小田原地方を記録する会」（一九七九年発足、飯田耀子代表）は、二〇〇五年八月一四日、「小田原空襲被災場所を歩こう」と、第一回戦争遺跡フィールドワークを行った。参加者は小学生から戦争体験者の世代まで三三名。その年は小田原空襲被災六〇周年であった。

コースは、「小田原駅　栄町の空襲記念碑　古清水旅館の被災樹木　被災地区の探索（空襲体験者の証言を聞く）　小田原市郷土文化館・解散」である。

「栄町の空襲記念碑」とは、田中組本社ビル（当時）前に建つ空襲記念碑である。この記念碑に小田原駅西側にかかる、通称「青橋」の改修前の橋桁の一部分で、機銃掃射による弾痕が残っている。記念碑には「昭和20年8月艦載機の機銃掃射による弾痕です」と記されている。

ただし、この空襲記念碑は二〇一三年末の旧田中組本社ビルの解体工事に伴い、市内寿町に新しく移った田中組の事務所前に移転された。

「被災地区の探索」では、被災した国際通りを歩き、当時旧制中学二年で小田原空襲を体験した相原俊夫さんに、その日の様子を話していただいた。

この戦争遺跡フィールドワークが終わって、毎月行われている「記録する会」の例会で、被災場所のどこかに小田原空襲を記した説明板があれば、通りすがりの人に小田原空襲を知ってもらえるのではないかと、誰からともなく説明板設置の提案が出された。

被災場所の国際通りで体験を話す
相原俊夫さん（中央）

説明板の設置

例会での話から、「記録する会」の優先事業として説明版の設置に向けて動き出した。設置場所の候補についてはすぐに決まり、説明版に「解説」「被災地図」「被災写真」を載せることを決定した。小田原空襲の被災写真は二枚しか確認されておらず、その写真が被災した古清水旅館を写したものである以上、古清水旅館の敷地で通りに面した場所に設置できないかと考えた。

二〇〇七年冬に館主の清水伊十良さんを訪ね、「小田原空襲を後世に伝えるべく、説明板を設置したいと思い、設置場所については古清水旅館の敷地内が最適である」と伝えたところ、快く承諾をいただき、旅館玄関脇の道路に面した場所の提供を申し出ていただいた。

市内浜町にある看板会社のランケイ社に見積もりを取ったところ約三〇万円近くかかることになり、多くの市民に設置費用の募金を呼びかけることにした。その結果、一七名の方から合計九万円が集まった。残りを「記録する会」が負担し、二〇〇七年八月初旬に設置された。

設置直後の八月一二日、募金をされた方々を含め、会誌『戦争と民衆』で一般の方々に参加を呼びかけて、説明板の除幕式を行った。当日には、NHK横浜放送局のテレビ取材があった（八月一五日の首都圏ネットワークで約七分程放映された）。新聞社では朝日新聞、毎日新聞、神奈川新聞の取材が入り、紙面を通して説明板の設置が市民に伝えられた。神奈川新聞の記事（八月二六日）では、清水伊十良さんは「この写真は小田原空襲を伝える貴重な証言写真。五十年、百年と掲示していきたい」と話し、「記録する会」の飯田耀子代表は「小田原空襲を市民の記憶に残し、次世代の子どもたちに語り継ぐのが私たちの責務」と述べている。

2　瓜生外吉海軍大将の胸像

瓜生外吉（うりゅうそときち）**と妻・繁子**

小田原市南町に、国道一号線と城址公園側に並行して走る脇道があり、閑静な住宅地になっている。その早川側に、地元の人たちから「天神さん」と呼ばれ親しまれている山角（やまかく）天神社がある。菅原道真を祭神とする神社で、創建年代は不明だが、小田原北条時代の地図にはすでに存在が記されていたという。

その社へ上がる階段の脇に立派な胸像が建てられているのが目に留まる。近づいてみると、胸像の台座に「瓜生海軍大将之像」と書かれている。

「瓜生海軍大将」とは瓜生外吉のことで人名辞典には「一八五七～一九三七。明治・大正・昭和の海軍軍人。日露戦争時の第二艦隊第四戦隊司令官。勅選貴族院議員」と記されている。

瓜生は江戸時代末、一八五七（安政四）年に加賀藩支藩の大聖寺藩士の次男として誕生した。七二（明治

山角天神社

五）年に海軍兵学寮（海軍士官の養成を目的とした軍学校で、後の海軍兵学校）に入り、七五年にアメリカへ留学した。八一年にアメリカ海軍士官の養成機関であるアナポリス海軍兵学校を卒業し、同年海軍中尉として帰国した。このアメリカ留学によって多くのアメリカ海軍将官との知遇を得て、海軍きってのアメリカ通との立場を揺るぎないものとした。

（『歴代海軍大将全覧』中公新書ラクレ）

瓜生は帰国の翌年に益田繁子（しげこ）と結婚した。

瓜生外吉海軍大将の胸像

繁子は一八六二（文久二）年に佐渡奉行下役の益田孝義の四女として誕生した。兄は三井財閥の大番頭として財界で活躍し、晩年は小田原に別邸・掃雲台（そううんだい）を構えて悠々自適の生活を送った益田孝（ますだたかし）（一八四八〜一九三七、茶人として鈍翁（どんおう）と号した）である。

繁子は七一年に一〇歳で岩倉使節団（右大臣岩倉具視を特命全権大使とした遣米欧使節団）に同行した女子留学生五名の内の一人としてアメリカへ渡った。留学生には津田梅子（女子高等教育の先駆者で津田塾大学の創立者）や山川捨松（後の大山巌夫人）がいる。繁子は一〇年間、ワシントンで音楽を学び、八一年に帰国して文部省音楽取調掛教授となった。結婚後も東京音楽学校教授となって音楽教育に貢献した。（生田澄江『瓜生繁子』二〇〇九年）

瓜生外吉に話を戻そう。アメリカ帰りのエリート海軍士官として、三一歳で少佐、三五歳で大佐、四四歳で少将、四八歳で中将、五六歳で大将というように出世街道を進んでいく。その間に、軍艦赤城、秋津洲、扶桑、松島、八島の艦長を歴任し、軍令部第一局長などの要職に就いた。日露戦争では第二艦隊第四戦隊司令官として日本海海戦に参戦した。司馬遼太郎の小説『坂の上の雲』に海軍軍人の一人として登場する。

瓜生は五七歳で現役を退き、予備役に編入された。退役後も一九一四（大正三）年にはパナマ運河開通記念博覧会へ日本代表として参列したり、二二年からは貴族院議員を勤めたりしていた。

瓜生外吉と小田原

小田原との関係は、山角天神社の近くに別邸を構えていたことである。明治・大正期の小田原は一八八八（明治二〇）年に国府津まで東海道線が開通すると、風光明媚で温暖な保養地として注目を集め、伊藤博文の滄浪閣（そうろうかく）（一八九〇年）、山県有朋の古稀庵（こきあん）（一九〇七年）など多くの政財界や軍人らの別邸・別荘が構えられていた。

瓜生の小田原の別邸については、いつ頃から居を構えたのかは不明であるが、小田原の地にした理由は、義兄の益田孝との関係であったことは間違いないだろう。一九一三（大正二）年作成の「小田原案内図」（『小田原市史』付録地図）には「瓜生別邸」が記されており、瓜生五六歳時にはすでに別邸があったことが確認できる。「小田原案内図」からは、すぐ近くに皇族の閑院宮（かんいんのみや）（戴仁（ことひと）親王）別邸の他、実業家の松下軍次、筑紫三郎、太田黒重五郎らの別荘があったことが確かめられる。

筆者の手元には胸像建設記念冊子『瓜生海軍大将を偲びて』がある。印刷されたもので、発行は青年誠友会。発行日は瓜生死去一年半後の一九三九（昭和一四）年五月二七日である。胸像除幕式での記念品として参列者に配布されたものと思われる。冊子の大きさはＢ６判、本文は三六頁。口絵には胸像、瓜生外吉、瓜生別邸など四頁に六枚の写真を載せている。

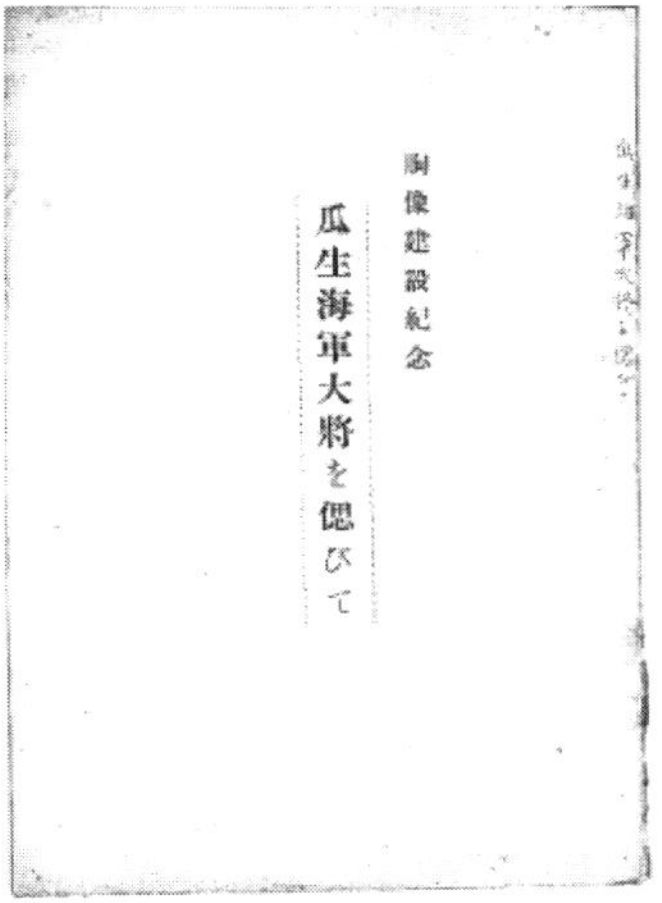

冊子の内容について紹介してみよう。最初に建設者代表の肩書きで、山角町青年誠友会々長の松岡彰吉（大正期に小田原町助役を務めた人物）が「除幕式に際して」と題して挨拶を延べ、「茲に除幕式を記念し、併せて閣下追慕の資とせんが為め、本書を編纂した」と、冊子発行の理由を書いている。

次に海軍中将の森山慶三郎が「瓜生大将を偲びて」と題して、瓜生の経歴を詳しく紹介し、軍人としての功績をたたえている。森山慶三郎に小説『坂の上の雲』の主人公、秋山真之と同期で、秋山と生涯を通して友人であった軍人である。森山は瓜生との関係を「私は日露戦役の直前に当時の司令官瓜生少将の参謀を命ぜられ上海で旗艦高千穂に着任致したのが閣下の知遇を得ました初めであります。斯くて終始閣下の下に該戦役に従事し日夜閣下の勇姿高風に接し爾来三十有余年の永き、過分の後恩顧に浴しました」と述べている。

さらに森山は、瓜生と小田原の人々とのかかわりについて「小田原の在郷海軍将兵は非常な愛着を持ち、海軍記念日には大将の寝台を横にして饗せられた祝杯に歓を盡すを例とし、大将邸前の段々のある狭路を広げ自動車の通ずる様にして、瓜生坂と命名し、入口に其の標柱が立てられて居り」と、一つのエピソードを挙げている。

筆者が瓜生別邸のあった場所を訪れた折（二〇〇八年）、近くに住む古老に話を伺ったところ、標柱については現在は立っていないものの、地元の人々が瓜生のために自動車が通れるように広げたという別邸に通じる坂道を今でも「瓜生坂」と呼んでいることが確認できた。しかしながら、二〇一二年一二月二九日の神奈川新聞は「面影消す瓜生坂　往事の石垣撤去計画」との見出しで、沿道の宅地開発に伴って「瓜生坂」が撤去される計画があることを報じた。

また、森山の記述から山角天神社に設置された胸像が、元々は東京・日暮里の瓜生邸にあったものを小田原に運んできたものであることもわかった。

森山に続いて、瓜生と親交があった三名の軍人、海軍中将・波多野貞夫、海軍少将・鬮重忠、海軍少将・大島正毅が、瓜生の人となりを語っている。その中の一人、鬮重忠は小田原生まれで、瓜生より四歳年下である。「小田原に御来往御は一層御懇情に預かった」と、瓜生との交流を述べた後、第一小学校（現、小田原市立三の丸小学校）の後援会長の立場から、講堂新築にあたって「協和」なる文字の揮毫（きごう）を依頼して快諾されたことを紹介している。

追悼文を寄せた最後には、瓜生がキリスト教徒であった関係から、十字町の教会牧師で、瓜生と親交のあった宮澤九萬象が思い出を語っている。

一つの胸像から、改めて明治・大正期の小田原には多くの要人の別邸や別荘があったことがわかったとともに、それらの要人と地域住民がどのようにかかわっていたのかが少し垣間見れた気がした。

3　戦死者が残した史料

戦争体験者からの聞き取り

筆者は一九七九年に、地元の戦争体験の記録を後世に残していこうと、仲間と「戦時下の小田原地方を記録する会」を結成した。戦争体験者から聞き取り調査を行い、それらを証言という形にして会誌『戦争と民衆』に掲載し、小田原地方の人たちへ戦争の愚かさと平和の大切さを発信してきた。

二〇〇八年九月二七日、開成町在住の草柳喜代子さんを訪ねて、戦死した兄（草柳猛さん）について話していただいた。草柳喜代子さんへの聞き取りは、「記録する会」代表の飯田耀子宅に仕事で来ていた工務店経営の息子さんから「義母（喜代子さん）が戦死した兄の史料を大切に保存している」との情報がきっかけだった。さっそく喜代子さんに連絡を取り、兄の出征や戦死した時のことなどを話していただけないかとお願いして、自宅での聞き取りが決まった。

草柳家に残っている史料

兄の草柳猛さんは一九四五（昭和二〇）年五月一六日、中国河南省において戦闘により戦死した。戦争が終わる僅か二か月前のことであり、二〇歳という若さであった。

跡取りの一人息子を亡くした草柳家は喜代子さんが婿を迎えて家を継いだ。草柳家には猛さんの戦死に関する史料が大切に保存されており、兄の戦死にこだわってきた喜代子さんの思いを感じることができる。

草柳猛さん（史料はすべて草柳喜代子さん提供）

大切に保存されてきた猛さんの史料
・体力手帳
・青年学校手帳
・馬事実習修了証
・装丁徴兵検査受検及服役上の心得
・日章旗の寄せ書き
・遺留品明細書
・戦死の状況を伝える中隊長の遺族への書簡
・（戦死）証明書（酒田村長発行）

出征前の青年・猛

猛さんは一九二四（大正一三）年一〇月二五日に、アメリカ・カリフォルニア州で移民の長男として誕生した。三六年に家族は帰国した。猛さんは一二歳である。喜代子さんは帰国の理由を「父親は母親と二〇歳近く年が離れていて、父親が年とってきたもので、もう祖国日本へ帰りたいのと、子どもたちを日本の学校へあげなくちゃならないというわけで、あまり詳しい理由はわかりません」と話している。

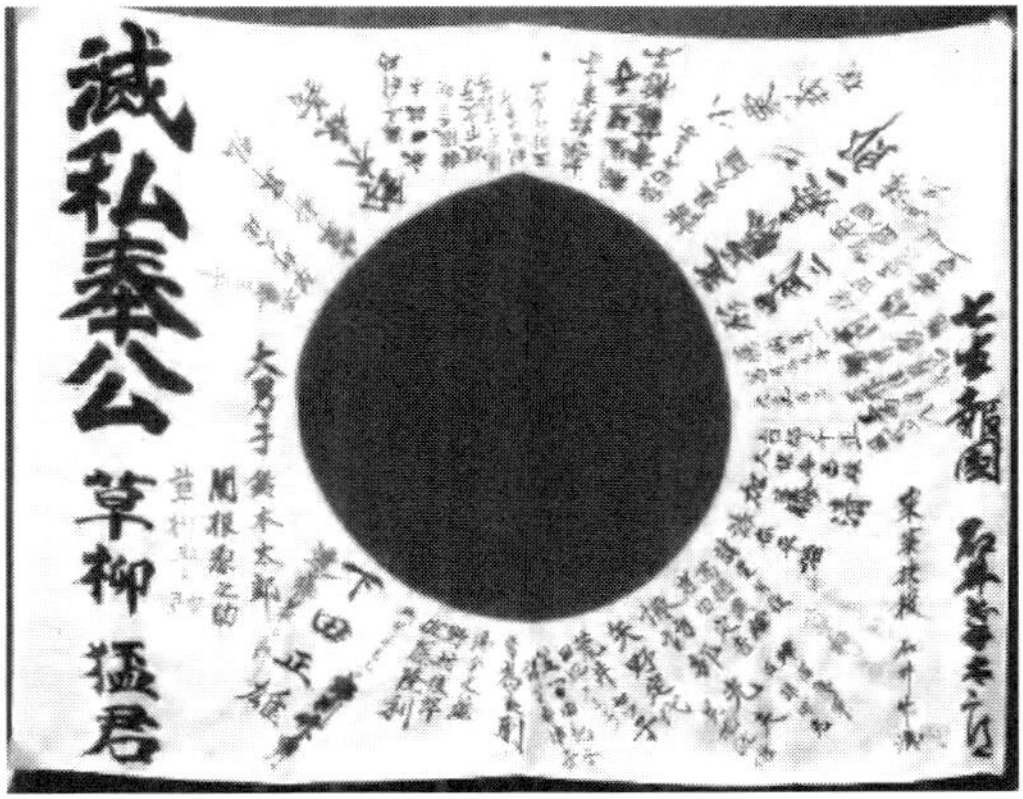

日章旗の寄せ書き

猛さんは開成尋常小学校から神奈川県立吉田島農林学校へ進んだ。農林学校を四二（昭和一七）年三月に卒業して国鉄に就職し、横浜の鶴見駅改札掛になった。同年一二月三一日に国鉄から交付された「体力手帳」が残っている。そこには身長、体重、胸囲、視力、聴力などの数値やツベルクリン反応の結果が記載されている。ちなみに身長は一五六センチ、体重五二キログラム。当時であっても小柄だった体格が浮かんでくる。さらにレントゲン写真のネガが添付されていたり、「体力章検定ニ関スル記事」の覧には「遊泳能力アルコトヲ証ス距離泳３００米ニ合格」と記されている。戦前では若者に兵士になるべく存在として強靭な体力が求められていた。

猛さんは国鉄を一年半勤めて、四三年一一月に地元企業の冨士写真フイルムへ転職した。入社と同時に私立冨士写真フイルム足柄青年学校に入学した。青年学校は三九年度から男子のみが義務教育となっていた。同青年学校は三九年四月に開校し、工場近くの南足柄村中沼（なかぬま）（現、南足柄市中沼）にあった。

残っている猛さんの「青年学校手帳」によれば、農林学校卒業の猛さんは、青年学校の本科五年に入学し、四四年三月にわずか四か月で本科五年を修了した。その間の総授業時数は九一・五時間。内訳は修身及公民科七・五時間、普通学科八時間、職業科三六時間、教練科四〇時間。教練（軍事に関する教育や訓練）が総授業数の半分近くを占めていることは、青年学校の役割を言い表している。

四四年四月から研究科一年に進級するが、同年一〇月二六日に「入営準備ノタメ退学ス」と記入されており、入営が決まったことで青年学校を退学となった。

戦前にあっては二〇歳になると男子は徴兵検査が義務づけられていた。毎年一月一日を基準日として、前年一二月一日からその年の一一月三〇日までに二〇歳になる者が対象であった。徴兵検査は毎年六月に本籍地で受けることになっていた。四四年の一一月に二〇歳となる猛さんは四四年六月に徴兵検査を受けた。この年の徴兵検査は四二年の兵役法改正によって徴兵年齢を一歳引き下げることが可能となり、一九歳と二〇歳の二学年が同時に受けた特別なものであった。

猛さんへ四四年一〇月下旬に召集令状、いわゆる赤紙が届けられた。召集部隊は千葉県佐倉であった。喜代子さんはその時の様子を「兵隊に征く時は酒田（さかた）神社（開成町にある神社）参拝と、村の方々に挨拶の言葉を述べ、皆さんと松田駅まで送っていったのは記憶にあります。親たちはしおれていました。一人息子で、国のため、天皇陛下のためとはいえ、兵隊に送り出す沈痛の思いだったと思います」と、話してくれた。

「壮丁の心得」は作成者が横浜連隊区司令部で、徴兵検査の前に酒田村役場から配布された二二頁の小冊子である。表紙には「徴兵検査迄には必ず熟読し徴兵検査の時携帯すると共に一生大切に保存して十分御奉公せよ」と書かれている。内容は徴兵検査及び入営時の心得が記載されている。残っている小冊子を確認すると、入営時の携行品をチェックした痕跡を見ることができる。

「馬事実習修了証」は、日本馬事会から発行された馬事実習会の修了証であり、日付に四四年九月一六日となっている。徴兵検査から出征までの間であり、入営と関連はあるものと考えられるが、この修了証からはどのような内容だったのか不明である。

戦死関連の史料

四四年一一月七日に千葉県佐倉の部隊に入隊した猛さんは、一か月後に中国戦線へ行き、半年後の五月一六日に河南省での戦闘で戦死した。

所属中隊の中隊長・久田浅雄陸軍中尉を送り主に、横浜連隊区へ「遺留品明細書」とともに遺留品が届けられた。明細書には横浜連隊区の受領印が押され、受領日が「二〇・六・五」となっている。戦死から二〇日で遺留品が届けられたことになる。明細書に書かれた品目は「貯金通帳」「青年学校手帳」「体育手帳」「国旗」「布袋」である。

「貯金通帳」の金額は一四八円。「体育手帳」は「体力手帳」の誤記であろう。

明細書と同時に「戦死の状況を伝える中隊長の遺族への書簡」が添付され、遺族に届けられている。この書簡は、久田中尉から父親・草柳米太郎へ宛てて六月二〇日付けで書かれている。戦死の場面に直接立ち会った上官の立場から、戦死の状況を遺族へ伝えることが目的であり、「敵の断末魔の乱射の一弾が猛君の頭

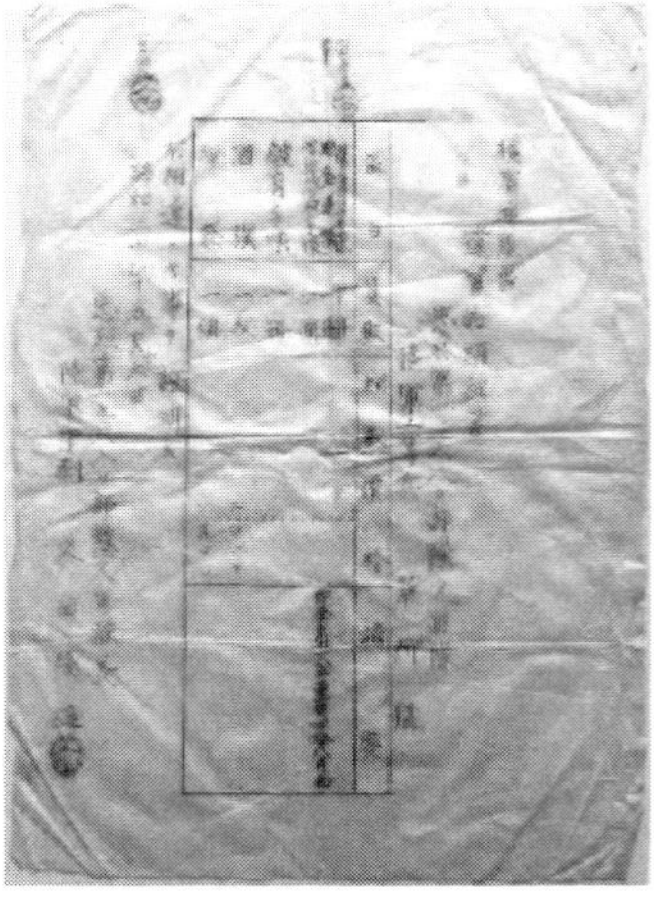

遺留品明細書

部を貫通、壮烈なる戦死を遂げたる次第」と記されている。

　戦死から半年がたって、四五年一二月一七日付けで酒田村の村長から戦死の「証明書」が発行されている。喜代子さんへの聞き取りでは、戦死から一年くらいたってから村葬（村主催による葬儀。戦時中には戦死した将兵のために市・町・村葬が行われた）が行われたが、この証明書が何のために発行されたのかはわかっていない。

　以上、草柳家に残っている草柳猛上等兵（戦死時は一等兵。戦死によって一階級特進した）の戦死にまつわる史料について見てきた。こうした一人の前途ある若者の戦死を具体的な史料に基づいて考えることで、若者の未来を奪い一つの家族の在り方までも変えてしまう戦争のもつ理不尽さや愚かさを、改めて感じることができる。

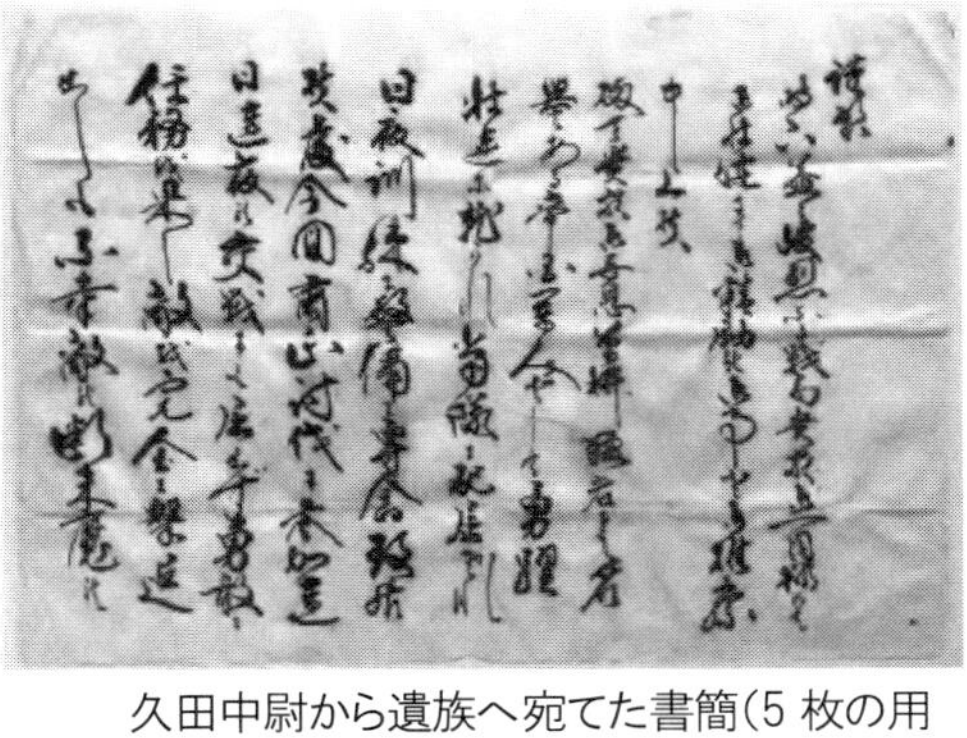

久田中尉から遺族へ宛てた書簡（5枚の用紙のうちの1枚目）

4　甲府連隊の地を訪ねて

甲府連隊とは

二〇一〇（平成二二）年八月七日～九日、仕事の関係で山梨県甲府市へ行った。その折に、小田原地方の成年男子の入営部隊となっていた甲府連隊の痕跡を探してみたいと思った。

まず甲府連隊とはどのような部隊だったのか、足跡をたどってみることにしよう。時代は日露戦争までさかのぼる。一九〇五年四月に樺太（サハリン）攻略のため、歩兵第四九連隊が第一三師団の一部として編成された。

その後、甲府市の兵営誘致運動によって〇七年に歩兵第四九連隊は第一師団に編入され、駐屯地が西山梨郡相川村（現在は甲府市）に決定された。同時に甲府連隊区司令部が設置され、兵士を徴集する区域が山梨県と神奈川県（都築、橘樹両郡を除く。後に二六年の改訂で両郡は甲府連隊区移管）に決まった。

〇八年から兵営の建設が始まり、〇九年三月には木造の連隊本部や兵営、煉瓦造りの糧秣庫・炊事場・火薬庫など二〇棟の施設が完成した。同年四月には歩兵第四九連隊が移駐し、山梨県・神奈川県の将兵約三〇〇〇人が常駐することになった。このことによって、小田原地方の成年男子は陸軍に召集された場合、多くが甲府連隊へ入営し、初年兵教育を受けることになった。

甲府連隊は三六（昭和一一）年二月には二・二六事件の鎮圧部隊として東京へ出動したり、同年五月には満州へ派遣されたりした。駐屯地が留守になったことで、翌年の三七年には歩兵第一四九連隊、三九年には歩兵二〇一連隊と歩兵第二二〇連隊が甲府の兵営で編成された。このことにより、甲府連隊は四つの連隊の総称となった。

なお、四一年には陸軍管区表が改められ、北海道を除き一府県一連隊区が設置されることになり、甲府連隊区が管轄していた神奈川県が分離し、横浜連隊区が置かれた。このことで甲府連隊区は山梨県のみを管轄することに変更された。

満州へ派遣された第四九連隊は満州を転戦し、三九年にはノモンハン戦争に参戦してモンゴル軍・ソ連軍と悲惨な戦闘を行った。四四年には満州から移動し、レイテ決戦に参戦して壊滅状態となりセブ島で敗戦を迎え、武装解除された。

歩兵第一四九連隊は上海で、歩兵第二一〇連隊はルソン島で、歩兵二二〇連隊はニューギニアでそれぞれ敗戦を迎え武装解除された。

小田原市遺族会が編纂した『三十周年記念誌』に載っている戦没者名簿を見ると四五年前半にフィリピンやニューギニアでの戦死者が多いことに気づかされる。実は筆者の母方の伯父も四五年にニューギニアで戦死している。

甲府連隊跡を訪ねて

甲府市へ行く前に読んだ『山梨の戦争遺跡』（山梨日日新聞社、二〇〇〇年）で、民間が運営する「山梨平和ミュージアム」に甲府連隊関連の資料が展示されていることを知り、さっそく行ってみることにした。

「山梨平和ミュージアム」は二階建ての施設で、一階は甲府空襲や、甲府連隊など十五年戦争に関する資料が展示され、二階は常設展示場として郷土が生んだ政治家・石橋湛山の生涯や思想を紹介している。同館の別名が「石橋湛山記念館」となっている所以である。

さらに、甲府連隊の施設で現在唯一残っている煉瓦造りの「糧秣庫」があると聞き訪ねた。「糧秣庫」は山梨大学教育人間学部付属中学校の一角にあり、「赤レンガ館」と名付けられ、学部の資料室として使われている。一九九八（平成八）年、大雪で一部が破損したのを契機に保存運動が高まり、山梨大学が外壁を修復し、内部を改装して二〇〇二年から保存公開している。

また、「赤レンガ館」から歩いて五分、山梨県福祉プラザの敷地の一角に「旧歩兵四十九連隊営門跡」の石碑が建っている。揮毫者は山梨県知事・望月孝明。設置は一九八五（昭和六〇）年。

糧秣庫

建立者として「甲府市長　原忠三」「四九会」「津田部隊戦友会」の三者の文字が石碑の側面に刻まれている。「四九会」は歩兵第四九連隊関係者の会、「津田」は歩兵第一四九連隊の編成当初から三九年七月まで連隊長を務めた津田辰参大佐である。

　甲府市を訪れ、甲府の地が戦前の小田原地方の人々にとって単なる隣県の都市ではなく、戦地と直結した場所であったことを改めて感じた。甲府の地は兵士となるスタートの地であるとともに、戦地へ赴く出征の地でもあった。そうした意味で、甲府の地は小田原地方をはじめ神奈川県民にとって戦争と深く結びついた場所だったのである。

営門跡の碑

●元になった論文

第一章

日中戦争前夜の一少年の日記（『西さがみ庶民史録』第14号、一九八七年）

日中戦争下の青年～足柄下郡早川村の一青年の日記より～（『小田原市郷土文化館研究報告』NO・29、一九九三年）

神奈川県小田原の一青年の日記よりみた戦時下の民衆～小長谷三郎の戦中～（『小田原地方史研究』第12号、一九八二年）

第二章

昭和初期における短期現役兵～小田原出身・八田禮の内務班日記より～（『小田原地方史研究』第25号、二〇〇九年）

漁村における経済更生運動～日本ファシズム形成期の神奈川県足柄下郡福浦村～（『小田原地方史研究』第11号、一九八一年）

地方における選挙粛正運動の展開～一九三七年の小田原町会議員選挙～（『郷土神奈川』第25号、一九八九年）

日中戦争勃と民衆～「東海新報」よりみた神奈川県小田原の銃後～（『小田原地方史研究』第14・15号、一九八六年）

銃後における軍人援護～小田原町銃後奉公会～（『小田原地方史研究』第18号、一九九二年）
日中戦争期における「英霊」の帰還（『小田原地方史研究』第24号、二〇〇七年）
戦時下の提灯行列（『小田原地方史研究』第27号、二〇一四年）

第三章

小田原における防空訓練（『小田原地方史研究』第26号、二〇一二年）
アジア太平洋戦争末期の民衆動員～小田原市国民義勇隊の結成～（『小田原地方の歴史をさぐる』一九九八年）
戦争末期の市民生活～神奈川県小田原地方の昭和二十年の様相～（『昭和のくらし研究』NO4、二〇〇六年）

第四章

小田原空襲説明板（『戦争と民衆』第65号、二〇一〇年　第69号、二〇一二年）
小田原にある瓜生外吉海軍大将の胸像（『戦争と民衆』第61号、二〇〇八年）
解説・戦死者が残した資料について（『戦争と民衆』第62号、二〇〇九年）
甲府連隊の地を訪ねて（『戦争と民衆』第66号、二〇一一年）

●参考文献

井上　弘『小田原空襲』（夢工房　二〇〇二年　小田原ライブラリー４）
井上　弘・矢野慎一『戦時下の箱根』（夢工房　二〇〇五年　小田原ライブラリー15）
香川芳文『小田原地方の本土決戦』（夢工房　二〇〇八年　小田原ライブラリー19）
戦時下の小田原地方を記録する会『焦げたはし箱』（夢工房　一九九二年）
　　同　『撃ちぬかれた本』（夢工房　一九九五年）
　　同　『市民が語る小田原地方の戦争』（同会　二〇〇〇年）
　　同　『小田原地方の戦争遺跡』（同会　二〇〇五年）
　　同　『語り伝えよう小田原の戦争体験』（同会　二〇一二年）
『小田原市史　史料編　近代Ⅱ』（小田原市　一九九三年）
『小田原市史　通史編　近現代』（小田原市　二〇〇一年）
『おだわらの歴史　小田原市史ダイジェスト版』（小田原市立図書館　二〇〇七年）
わが心のふるさと編集委員会『写真集　小田原の昭和史』（千秋社　一九九三年）
森　武麿『アジア・太平洋戦争』（集英社　一九九三年）

●著者紹介

井上　弘（いのうえ　ひろし）
一九五五（昭和三〇）年、小田原市に生まれる。新玉小・白鴎中・小田原高校へ。
一九八一（昭和五六）年、立教大学大学院文学研究科史学（日本史）専攻前期課程修了
現在、熱海市立第一小学校長
　小田原地方史研究会代表、戦時下の小田原地方を記録する会事務局
現住所　〒250–0011　小田原市栄町3–13–21

「小田原ライブラリー」の刊行にあたって

「相模国」の西にあたる足柄地方は風光明媚の地として古くから多くの人びとによって注目されてきました。この地は西から北東にかけて、箱根山地と丹沢山塊がそば立ち、南は相模灘に面し、四季折々の風情に恵まれています。豊かな自然のもとで長い時の刻みを重ねながらこの地の人びとは、独自の文化と暮らしを築き上げてきました。

いま、この地方の自然や風物、生活の実相を掘り起こし、その伝統の重みと今日の息吹きを呼び込みながら、わたしたちは、地域をより身近なものとして受けとめ、この文化を次の世代に伝えていきたいと思っています。

このシリーズの企画は、こうした意図のもとに生まれ、小田原をはじめ、ひろくこの地方の自然・歴史・現状を、さまざまな角度から親しみやすく、分かりやすく、身近なものとして学べる広場とすることを目的としています。また、地域を再発見する旅へ誘い、一人ひとりの自分探しのライブラリーとなるよう目指しています。

「小田原ライブラリー」は、こうして、この地方の自然と歴史の垣根を低くして、人びとが生活文化の過去といまを共有し、希望を将来に託するという新しい視点でつくりあげていきたいと考えています。このシリーズが、21世紀に生きる多くの人びとへのささやかな道標となることを願ってやみません。

二〇〇一年秋

「小田原ライブラリー」編集委員会

金原左門　岩崎宗純

川添　猛　佐藤勝信

「小田原ライブラリー」刊行予定

1 坂口安吾と三好達治―小田原時代―　金原左門
2 蝶とあるく箱根　白土信子
3 二宮尊徳とその弟子たち　宇津木三郎
4 小田原空襲　井上　弘
5 箱根路歴史探索―街道と温泉秘話―　岩崎宗純
6 稲葉正則とその時代―江戸社会の形成―　下重　清
7 牧野信一と小田原　金子昌夫
8 小田原さかな物語　澤　晴夫
9 湘南博物誌―身近な生きもの観察の手引―　佐藤勝信
10 小田原と北村透谷　小澤勝美
11 新・足柄山の金太郎　笠間吉高
12 足柄の里と坂の古代的世界―相模古代史を探る―　鳥養直樹
13 北条氏康と東国の戦国世界　山口　博
14 トーマス栗原―日本映画の革命児　服部　宏
15 戦時下の箱根　井上　弘・矢野慎一
16 小田原事件―谷崎潤一郎と佐藤春夫―ゆりはじめ
17 福田正夫・ペンの農夫―詩作品鑑賞を中心に―　金子秀夫
18 古代西相模の社会と暮らし　大上周三
19 小田原地方の本土決戦　香川芳文
20 西さがみの地名―風に聞き大地に読む郷土の歴史―　田代道彌
21 夜の会フォーラムの実験―小田原・箱根の地域文化を拓く17年の記録―　夜の会フォーラム
22 近代西相模の報徳運動―報徳運動の源流と特質―　早田旅人
23 知られざる小田原地方の戦争　井上　弘

㉔ 温泉と地震の話　大山正雄
㉕ 神奈川県西の地域医療　堀口一弘
㉖ 箱根・小田原の木象嵌師たち　鈴木康弘ほか
㉗ 小田原の文人・芸術家たち
㉘ 北條秀司と劇団こゆるぎ

〈以下続刊〉

小田原文学めぐり／西相模の仏像めぐり／野山で遊ぼう箱根／小田原の自然散歩／花とあるく箱根／西相模の城めぐり／小田原・箱根の別荘物語／小田原の詩人たち／箱根宿と小田原宿／足柄の民話／流域をたどる―芦ノ湖・早川と酒匂川―／西相模のまつり／西相模の近代交通／小田原の北原白秋／福沢教育プランと福沢諭吉／尾崎一雄と下曽我

＊1～23は既刊。刊行の順序・タイトルは変わることがあります。

小田原ライブラリー　23

知られざる小田原地方の戦争

定価　本体一二〇〇円＋税

発行　二〇一五年八月一五日　初版発行

著者　井上　弘 ©

制作・発行　夢工房

〒257-0028　神奈川県秦野市東田原二〇〇-四九

TEL (0463) 82-7652　FAX (0463) 83-7355

http://www.yumekoubou-t.com

2015 Printed in Japan

ISBN978-4-86158-069-7 C0321 ¥1200E